JN430138

이인삼각

이인삼각

4

돌의자

남순아   백승화

차례

2 우당탕탕

SC#1　　　인생 영화란 무엇인가?　　　123

3 이모저모

들어가며

「들어가며」를 쓰고 있는 지금은 본문 분량의 절반 정도를 쓴 다음이다. 들어오시자마자 실망부터 하실지도 모르겠지만, 본문이 잘 안 써져서 이것부터 쓰고 있는 것이다.

나는 영화나 소설을 통해 재미있는 허구의 이야기를 만드는 직업을 가졌지만, 나 자신은 언제나 집에 처박혀 친구도 없이 글만 쓰는 사람이다. 그런 사람의 일상이 자기 이야기 속의 인물들, 그러니까 차멀미가 심해 경보 선수가 된 고교생이나, 오목 대회에 나가는 바둑 신동이나, 임금의 고양이를 찾아야 하는 망나니 포교보다 재미있거나 흥미롭기는 애초에 불가능한 일인지도 모른다.

그럼에도 불구하고 나의 유일한 희망은 이 산문이 나 혼자가 아닌 〈우리〉에 관한 글이라는 것이다. 세상 심심한 나 같은 사람에게도 내가 세상에서 가장 웃기다고 하는 사람이 있다. 그러니 아직 절반의 분량을 더 써야 하는 내게도, 그리고 이제 막 책을 펼쳤을 여러분에게도 아직 일말의 희망은 있는 것이다.

이제 우리의 희망, 순아를 소개한다.

들어가며

내가…… 희망……?

10년 전, 나는 X(옛 트위터)에 트윗 하나를 썼다.

10년 만에 뵌 엄마 친구분이 나를 보고 적절한 단어를 찾
으시더니 〈이렇게 됐구나〉라고 말씀하셨다.

이 책은 그로부터 다시 10년 후의 이야기이다. 세상에서 나
혼자만 일이 안 풀리는 것 같을 때 다른 사람의 에세이를 읽
었다. 이 글을 읽고 누군가는 또 위로받을 수 있길 바란다.

1
어쩌저찌

허세의 역사

나를 키운 건 8할이 허세였다. 때는 여덟 살, 한창 위인전을 많이 읽던 때였다. 아이가 위인으로 태어날 것을 알리는 신호탄이기라도 한 것처럼, 위인들의 태몽은 다양하고 멋졌다. 안중근 의사의 위인전을 읽다가 화장실에서 손빨래 중이던 엄마에게 달려갔다. 〈엄마, 내 태몽은 뭐였어?〉 한껏 기대에 부풀어 엄마에게 물었지만, 엄마는 당황하는 눈치였다. 엄마가 바로 대답해 주지 않자 몇 번이나 재촉했다. 어서 빨리 내 멋진 태몽에 대해 들려줘! 호랑이? 용? 북두칠성?! 고민하던 엄마는 막내 고모가 자신에게 조그만 구슬 지갑을 주는 꿈을 꿨다고 했다. 구슬 지갑이라니, 어딘가 애매했다. 어린 남순아는 맥이 탁 풀려 버렸다. 그건 남순아가 대단한 사람이 아닐지도 모른다는 말처럼 들려서 굉장히 불길했다. 나는 스스로 내 태몽을 꾸고 싶을 정도였다.

어렸을 때 내 꿈은 대통령이었다. 사람들한테 주목받는 것도 남들 앞에 나서는 것도 좋아했던 남순아 어린이는, 보통 비슷한 성격의 또래 아이들이 가수를 꿈꿀 때 혼자 대통령을 꿈꿨다. 물론 머리가 크면서 꿈은 점점 규모를 줄여 나갔다. 대통령에서 문체부 장관으로, 문체부 장관에서 영화진흥위원회 위원장으로. 오로지 감투 욕심만 있을 뿐 비전 따위는 품고 있지 않기에 지금은 절대로 나 같은 사람이 그런 자리에 올라서는 안 된다고 생각하지만, 사람 일은 모르는 것이므로 혹시라도 언젠가 다가올지 모를 그날을 대비하여 가족과 친지들에게 행실을 올바르게 하라고 단도리하는 중이다.

그때는 하고 싶은 것도 너무 많고 될 수 있을 것 같은 것도 너무 많아서 슬롯머신 레버 당기듯 한 밤 자고 나면 꿈이 쉽게 바뀌었다. 하루는 선생님이 되고 싶었고, 하루는 NGO 단체 활동가가 되고 싶었다. 작가는 내가 꿈꿨던 수많은 진로 희망 중 꽤 오랫동안 상위권에서 버티던 직업이었다. 세상에 이야기를 안 좋아하는 어린이가 어디 있겠냐만, 나 역시 이야기에 미치는 어린이였기 때문이다. 이야기를 읽는 것도 만드는 것도 정말 좋아해서, 『빨간 머리 앤』에 나오는 〈앤〉처럼 쉬지 않고 수다를 떨어 댔다. 어른들 앞에서 수다를 떨다 보면 말실수했다는 이유로 혼날 때가 많았는데, 책을 읽을 땐 달랐다. 어른들은 말이 많은 아이는 별로 좋아하지 않았지만, 책을 읽는 아이는 좋아했다.

한번은 엄마를 따라간 목욕탕에서, 나보다 어린 동네 아이들을 앉혀 놓고 내가 지은 이야기를 들려줬던 적도 있다. 엄마 손에 붙잡혀 때가 밀리느라 온몸이 시뻘게진 아이들이 홀딱 벗고서 평상에 동그랗게 둘러앉아 내가 들려주는 이야기에 홀린 듯 귀 기울였다. 그 모습을 구경하던 동네 여자 어른들이 나에게 말했다.

「애, 너는 커서 작가를 해도 되겠다.」

실제로 내가 작가가 되고 싶었는지 모르겠다. 하지만 어른들의 말이 예언이자 주문처럼 들렸다. 어른들의 말대로 나는 아무래도 작가가 될 것 같았다. 그래서 오랫동안 나는 내가 작가가 될 거라고 믿었다.

작가 대신 영화감독이 되겠다고 결심한 건 중3 때였다.

그 전년도에 학교 특성화 수업으로 영화 제작 수업을 들었는데, 그때는 영화감독이 되겠다는 생각은 전혀 안 했고 그냥 재밌는 경험을 했다고 생각했다. 영화 감상은 그 나이대 아이들이 친구들과 함께 즐길 수 있는 몇 안 되는 문화 활동이었을 뿐, 딱히 영화 보는 것을 좋아하지도 않았다.

　그런데 중3이 되면서 새롭게 친해진 친구가 자신의 장래 희망으로 영화감독을 말했다. 그 말을 듣고 나의 허세 풍선이 부풀기 시작했다. 친구의 말을 듣고 보니 영화감독이라는 게 너무 멋졌다. 사실 그때는 영화감독이 뭐 하는 사람인지, 시나리오 작가와 무엇이 다른지조차도 몰랐던 것 같다. 〈심각한 얼굴로 선글라스를 쓰고서 촬영장에 앉아 있는 사람〉 정도로 여겼으니까. 작가는 글을 쓰고, 화가는 그림을 그리는데 영화감독은 뭘 하는 사람인지 모르겠으니까 더 멋진 것 같았다. 나는 친구에게 나도 영화를 찍어 봤다며 영화에 대해 아는 척을 하기 시작했고, 곧이어 나도 영화감독이 될 거라고 선언해 버렸다. 영화를 그다지 좋아하지도 않았으면서! 알 수 없는 질투, 시기, 경쟁심으로 내린 충동적 선언이었다. 작가가 되겠다는 예언이 어른들의 것이었다면, 영화감독이 되겠다는 선언은 나의 것이었다.

그 후 나는 그 선언이자 주문에 맞게 살기 시작했다. 영화를 많이 보고, 용인에서 영등포까지 편도 두 시간을 쓰면서 〈하자센터〉라는 곳으로 영화를 배우러 다녔다. 여전히 영화를 좋아하진 않았지만, 나는 영화감독이 될 것이므로 학교를 땡땡이치고 씨네큐브, 필름포럼, 스폰지하우스, 인디스페이스, 씨네콰논 등 서울의 독립 영화관이나 예술 극장을 혼자 찾아다녔다. 그곳에서 본 예술 영화가 상업 영화와 얼마나 다른지 칭송했고(아, 도대체 상업 영화를 왜 그렇게까지 싫어했단 말인가),* 『씨네21』이나 『무비스트』의 기사를 읽으며, 기자와 평론가의 말을 내 것인 양 빌려 썼다.

　그런데 어느 날, 그 친구가 진로의 방향을 틀었다는 소식을 전해 왔다. 일단 돈을 벌고, 감독은 더 나이가 들어서 하기로 했다는 것이었다. 친구가 그렇다면 나도 질투, 시기, 경쟁심을 내려놓고 나의 길을 갔으면 됐을 텐데 영화를 좋아하지도 않으면서 영화에 미친 척, 영화만이 내 가슴을 뛰게 만드는 척 혼자만의 콘셉트를 충실히 연기했던 나는 이제 와서 사실 나는 영화를 좋아하지 않는다고 차마 말할 수 없었다. 그렇게 나는 나 자신까지 속이면서 이 길을 가게 된다. 그래서 고등학교 2학년을 마치고 자퇴를 한 뒤, 나는 본

　* 지금은 상업 영화가 제일 재밌다.

격적으로 영화 공부를 하기로 결심한다.

언젠가부터 나는 섣부르게 허세를 부리지 않게 되었다. 작업을 할 때마다 매번 내 한계를 마주해야 했기 때문이다. 남들보다 재능이 없다고 느꼈고, 창의적이지 못하다고 느꼈다. 친한 동료가 수상을 하면 시기와 질투 때문에 앓아누웠다. 더 늦기 전에 지금이라도 진로를 바꿔야 하는 게 아닐지 고민한 적도 많았다. 허세를 부리기는커녕 내 주제를 체감하느라 그만 쪼그라들어 세상에서 뿅! 하고 사라질 지경이었다.

그러나 여전히, 나는 영화감독이라는 허세를 놓을 수가 없다. 나는 관객과의 대화를 하고 싶어서 영화를 찍는 감독이니까. 세상에 이런 사람이 또 있을까 싶지만, 그게 또 나니까.

그래서 나는 여전히 지치지 않고 허세를 부려 본다(대신 이제는 결과가 보이니까 마음속으로). 내가 천재가 아닌 걸 알면서도 천재이길 바라고, 내 작품이 그렇게 대단하지 않다는 걸 알면서도 대단할지도 모른다고. 허세는〈빌 허(虛)〉자에〈형세 세(勢)〉를 쓴다. 국립국어원 표준국어대사전에 따르면〈실속 없이 겉으로만 드러나 보이는 기세〉라고 한다. 하고 싶은 게 너무 많고 될 수 있을 것 같은 것도 너무 많았던 때에, 뭣 모르고 부렸던 허세는 나에게 예언이자 주문이 되어 주었다. 허세를 부린 만큼 결과가 나오지 않으면 실망도 많이 하지만, 내가 부린 허세가 결국 나를 만들어 낸다. 그래서 자신의 한계를 자주 체감하면서도 계속 작업을 해나가는 중이다.

승화   어쩌면 허세는 다짐 같은 게 아닐까? 요즘 순아가 부리는 허세는 뭐야?

순아   ……부끄러워서 말 안하고 싶어.

승화   왜, 뭔데? 말해 봐.

순아   (들릴 듯 말 듯 속삭인다) 혜성처럼 나타난 신예!

찍먹의 역사

〈난 한 놈만 패.〉「주유소습격사건」(1999)에서 무대포(유
오성)가 패싸움 내내 꾸준히 한 놈만 패면서 하는 대사다.
생각해 보면 나는 위 대사와는 정반대로, 한 분야를 꾸준
히 패지 못하고 여러 분야를 툭툭 건드려 보며 살아왔다.
앞서 순아가 허세 때문에 영화를 시작하게 되었다고 한다
면, 나는 이것저것을 찍먹 해보다가 영화를 하게 된 케이스
였다.

어린 시절의 나는 장래 희망이 너무 많아서 뭘 골라야 할지
머리를 싸매는 학생이었다. 첫 번째 장래 희망은 그 무렵 학
생들의 장래 희망 1순위인 선생님이었다. 당시 만났던 선

생님 중 절반은 야만적인 선생님, 절반은 낭만적인 선생님이었는데, 아마도 나는 친절하고 친구 같으면서, 때리거나 벌도 세우지 않고, 공부하란 이야기보다는 맨날 자습과 축구나 시켜 주는 그런 유니콘 같은 선생님을 원하는 마음과 그런 선생님이 되고 싶은 마음을 헷갈렸던 것 같다.

두 번째는 과학자였다. 장난감 로봇 조립을 좋아하던 시절부터 막연히 가졌던 꿈이었는데, 공부를 잘해야만 한다는 걸 알게 된 후로는 시들해졌던 게 사실이다.

세 번째, 만화 & 비디오 대여점 주인은 내심 가장 원하던 것이었는데, 평생 온갖 만화와 비디오들을 공짜로 볼 수 있을 거라는 상상만으로도 남은 생애가 행복할 것이 예상되었기 때문이었다. 물론 출판 만화와 비디오 시장이 이렇게 금방 몰락할 거라는 걸 예상하지는 못했다.

네 번째는 의외로 복싱 선수였는데, 『아웃복서』라는 복싱 만화를 인상 깊게 보고 나서, 글러브 대신 수건을 주먹에 싸맨 수건 복싱으로 동생을 몇 번 이긴 뒤, 〈혹시 복싱에 재능이 있을지도?〉라고 생각해 마음 한편에 가지고 있던 꿈이었다. 제명까지 못 살지 않았을까 싶다.

마지막으로는 만화가였다. 처음 따라 그렸던 만화는 『드래곤볼』의 손오공이었다. 손오공의 삐죽삐죽한 머리 그리는 방법을* 외운 이후부터, 내 교과서 빈틈에는 온갖 액션 만화로 가득 찼었다.

중학교 3학년 진로 상담 시간에 담임 선생님이 물었다.

「승화는 장래 희망이 뭐니?」

나는 수만 가지 장래 희망 중에 뭘 골라야 할지 몰라서, 고민 끝에 대답했다.

「많아요.」

「만화?」

선생님이 잘못 알아듣고 되물으셨다. 아마도 내가 수업 시간에 만화나 끄적이던 것을 보셔서, 〈많아〉를 〈만화〉로 들으신 것이었겠지만, 난 뭐 만화가도 장래 희망 중 하나니까 틀린 말은 아니다 싶어서, 그냥 맞다고 해버렸다.

선생님은 내 장래 희망란에 〈만화가〉라고 적으셨고, 이후로 나의 공식적인 장래 희망은 만화가로 정해졌다.

고등학교 내내 만화를 그렸다. 성적이 곤두박질쳤지만 괜찮았다. 대학에 갈 생각은 없었다. 그 대신 졸업하면 프로 만화가의 부하가 되어 일하며 배울 생각이었는데, 막상 고

---

* 왼쪽부터 작은 삐죽 머리 두 번, 큰 삐죽 머리 두 번, 둥근 부분, 그리고 점점 작아지는 뾰족 머리를 그리면 된다. 아직도 손이 외우고 있다.

24

3이 가까워지자 두려움이 앞섰다. 뒤늦게 입시 미술을 시작했고, 만화와 비슷하다고 생각한 애니메이션 학과에 진학했다.

웹툰이란 게 없던 시절이었다. 나처럼 만화를 좋아하지만 당장 업계에 뛰어들기는 겁나는 친구들이 애니메이션 학과에 많았다. 그런데 배우다 보니 애니메이션은 만화보다는 영상에 가까웠고, 자연스레 영화에 관심을 갖게 되었다. 무엇보다 애니메이션이 너무 비효율적이라고 느껴졌다. 이를테면 사람이 걸어가는 장면 5초를 애니메이션으로 표현하려면 비슷한 그림을 수십 장, 많게는 백 장 넘게 그려야 했으니 말이다. 나는 그게 귀찮았고, 이런 생각을 했다.

〈영화라면, 카메라만 세워 두면 될 텐데…….〉

짧은 생각이었다.

졸업 후 나는 애니메이션이 아닌, 〈카메라만 세워 두면 되는〉 영화판에 무작정 뛰어들었다. 물론 당연하게도 영화 또한 그렇게 쉽게 만들어지지 않았다. 게다가 영화 현장은 전쟁터였다. 총알 대신 욕과 과로가 날아드는.

힘들지만 그래도 차근차근 영화감독이 되고자 한 걸음씩 나아갔느냐 하면 그렇지도 않았다. 그새 또 다른 게 하고 싶어졌기 때문이었다.

　록 음악이었다, 하필. 무턱대고 시작한 인디 밴드 활동은 20대 내내 계속되었다. 나는 드러머였고, 두 장의 정규 앨범까지 내게 되었다. 그 과정에서 나는 나를 포함한 내 주변 인디 밴드들의 활동기를 다룬 「반드시 크게 들을 것」(2009)이라는 제목의 음악 다큐멘터리를 만들게 되었는데, 우리끼리만 볼 줄 알았던 이 다큐멘터리가 어쩌다 보니 영화제에 상영되어 수상도 하고 전국 개봉까지 하면서, 나는 얼떨결에 다큐멘터리 감독이 되었다. 영화감독이 되고는 싶었지만, 인디 밴드를 하다가 다큐멘터리 감독이 되다니 이상한 일이었다.

이왕 이렇게 된 거 나는 본격적으로 장편 극영화 연출을 해보기로 결심했다. 아무래도 본래 하고 싶었던 것이 극영화였으니까. 쉽지는 않았다. 앞서 보았다시피 나는 영화 전공자도 아니었고, 한동안 밴드만 열심히 하느라 아는 영화인도 주변에 거의 없었다. 경험도 실력도 부족했지만, 그에 비해 운이 좋은 편이어서, 오래지 않아 많은 사람의 도움을 받아 「걷기왕」(2016)이라는 저예산 장편 영화를 연출하게 되었다.

이후로 여러 작은 영화들의 각본을 쓰고 연출하면서 마침내 영화감독이라 스스로를 소개하는 게 조금은 덜 어색하게 되었다. 이랬다저랬다 했어도 결국 영화감독이 되긴 된 것이었다.

그럼 이정도 했으니 이젠 정말 영화감독으로서 꾸준히 차근차근 해나갔느냐 하면 또 그렇지가 않았다. 아무리 저예산이라고 해도 영화를 만들기 위해선 큰돈이 필요했다. 아이디어가 있어도 그걸 해내려면 기획이며 시나리오며 투자며 하다가 몇 년이 쉽게 지나갔다. 예산과 여력에 맞게 상상력과 아이디어를 제한할 필요도 있었다. 무엇보다도 영화는 그 과정 내내 필연적으로 수많은 사람과 지지고 볶으며 만들 수밖에 없었다. 정말로 그랬다. 늘 영화보다는 사람이 힘들었다.

　그래서 나는 또 짧은 생각을 했다.

　〈소설이라면, 혼자 글만 쓰면 될 텐데…….〉

　그랬다. 소설이라면, 배경이 우주 저 멀리든 조선 시대든, 주인공이 동물이든 괴수든 간에, 돈 한 푼 안 들이고, 사람들과 비비고 지지고 할 필요도 없이, 지금 당장 내 마음대로 만들 수 있는 것이었다.

짧은 생각이었다고 좀 전에 말했던가?

소설 집필이라는 건, 스태프 수십 명이 나누어서 하던 영화 일을 혼자 다 하는 걸 의미하는 단어 같았다. 연출도 내가 하고, 촬영도 내가 하고, 연기도, 미술도, 의상도, 편집도 나 혼자 다 하는 게 소설을 쓴다는 것처럼 느껴졌다. 작가들이 맨날 창작의 고통이 어쩌고저쩌고하면서 머리를 쥐어뜯고 괴로워하는 걸 보면서 뭘 저렇게까지 하나 싶었는데, 그게 다 허황된 이야기는 아니었던 것이다.

초라한 문장력을 쥐어짜 첫 소설을 써 내려가면서, 나는 옛말에 틀린 것이 없다는 것을 또 한 번 여실히 깨달았다. 남의 떡이 더 커 보인다는 말 말이다.

그럼에도 불구하고 집에서 혼자 할 수 있다는 글쓰기의 매력은 나 같은 집사람에게 매우 유효했으니, 여전히 초보 작가인 나는 지금도 마감에 쫓기며 몇 편의 이야기를 쓰고 있다. 여기까지가 내 찍먹의 역사다.

어느 날 순아가 내게 몇 살까지 살고 싶은지 물어본 적이 있다. 나는 삼백 살이라고 대답했다. 지금 쓰면서 생각해 보니 그걸로도 부족하다. 해보고 싶은 것들을 다 해보기엔 삶이 너무 짧다는 걸 40대에 접어든 뒤에야 절실히 느끼고 있다. 10대 때는 만화와 함께 보냈고, 20대 때는 주로 음악과 보냈다. 30대 때는 영화, 그리고 40대인 지금은 글을 쓰며 보낸다. 50대엔 또 무얼 찍어 먹어 보게 될까? 나는 또 무엇이 될까?

궁금하기 그지없다.

공포 영화 못 보는 감독의 공포 영화

나는 공포 영화를 못 본다. 친구가 숨어 있는 걸 뻔히 알면서도, 놀래키면 깜짝 놀랄 정도로 간이 쌀알만 하기 때문이다. 좀비 세상이 된다면 살기 위해 애써 도망치지 않고, 바로 좀비에게 물려 버릴 거다. 좀비가 되는 것보다는 그런 세상에서 살아남는 게 더 무서우니까. 나는 좀비도 무섭고, 귀신도 무섭고, 연쇄 살인마도 무섭다.

공포 영화를 봤던 기억을 떠올리면 대부분 여름이다. 「토요 미스테리 극장」과 「전설의 고향」을 제외하고, 아마도 내가 최초로 본 공포 영화는 텔레비전에서 방영해 준 「월하의 공동묘지(기생월향지묘)」(1967)였던 것 같다. 한을 품고 죽은 전처가 귀신으로 나타나 남편과 남편의 새 부인, 시어머니에게 복수한다는 내용이다. 지금 다시 보면 하나도 무섭지 않지만 그때는 누군가 나한테 한을 품어 복수당하지 않도록 조심히 살아야겠다는 교훈을 가슴에 새겼다.

시작은 한국 고전 공포였으나 공포 영화에 대한 나의 흥미를 이어 준 것은 J호러였다. 1990년대 후반부터 2000년대 중반까지 J호러 르네상스 시대, 시험 기간에 학교가 일찍 끝나면 〈비디오왕자와 책공주〉 같은 비디오 대여점에서 일본 공포 영화를 빌려 부모님이 안 계신 친구 집에 모여 여럿이 보곤 했다. 「링」(1998)이나 「주온」(2000), 「착신아리」(2003)같은 영화들을 그때 봤다. 사다코의 한을 풀었다고 생각했음에도 주인공이 죽게 되어 우리 초등학생들은 몹시 큰 충격을 받았다. 나쁜 짓을 하지 않고, 장화와 홍련처럼 억울한 한을 풀어 주면 살아남을 수 있다고 믿어 왔던 한국인의 믿음이 깨져 버린 것이다. 나중에야 이는 지진과 같이 사람을 가리지 않고 닥치는 일본의 자연재해를 바탕으로 한 세계관임을 알았다.

나에게 공포 영화는 친구들과 〈같이〉 보는 것이었다. 학기말 교실에서 다 같이 숨죽이고 보다가 누구 하나 비명을 지르면 너 때문에 더 놀랐다며 타박하고, 시험이 끝나면 다 같이 극장에 우르르 몰려가서 전체 관람가 영화의 티켓을 끊어 놓고는 옆 상영관에 몰래 들어가 쫄보에게는 과분한 청소년 관람 불가 공포 영화를 본 다음, 친구와 마주잡은 두 손이 촉촉해질 정도로 꼭 잡고 집에 돌아오는 것까지 공포 영화의 재미였다. 그런데 어느 순간부터 공포 영화 말고도 재밌는 것들이 많아졌고(이를테면 음주), 어렸을 때 친했지만 크면서 멀어진 친구처럼 자연스럽게 공포 영화를 보지 않게 되었다.

그러던 나에게 옛 친구 공포 영화가 다시 찾아온 건, 생각지도 못한 계기였다. 스무 살, 철거촌을 배경으로 한 단편 영화 조감독을 하게 되었다. 로케이션 헌팅을 위해 추운 겨울 철거촌을 돌아다녔는데, 한때는 누군가의 몸을 녹이고 보호해 줬을 공간이 폐허로 변한 것을 목격하는 것만으로 마음이 스산해졌다. 붉은 래커로 벽에 쓰인 〈ㄴ ㅏ ㄱ ㅏ〉, 죄다 깨져 버려 온전한 것이라곤 남아 있지 않은 유리창, 철거촌을 방문한 제작진을 경계하며 위협하던 용역, 그리고 철거촌을 지키던 경비원 분이 〈집에 돌아가도 나한테 빈집 냄새가 난다〉라고 말씀하셨던 것들이 마음 깊이 남았다. 촬영

할 만한 빈집을 구할 수 있을까 걱정했는데, 다행히 우리는 철거 예정인 한 아파트에 허가를 받아 그곳에서 촬영을 진행하게 되었다.

그 영화에는 용역들이 아파트 현관문을 오함마로 내리치는 장면이 있었다. 나는 서양 공포 영화에서 괴한이 문에 달린 유리를 깨고 집에 침입하는 장면을 볼 때마다 내심 〈저런 집에 사니까 괴한이 침입하지〉라며 탐탁지 않아 하곤 했다. 나는 아파트의 철문을 무척 신뢰했기 때문이다. 그런데 배우들이 오함마로 손잡이를 몇 번 내리쳤더니, 아파트 손잡이가 떨어져 나가는 게 아닌가. 손잡이가 있던 자리에는 집 안과 밖을 연결하는 빈 구멍만 남아 있었다. 그 구멍은 영원히 무엇으로도 메워지지 않을 것 같았다. 아파트 철문에 대한 믿음까지 떨어져 나간 순간, 내 마음에도 구멍이 생겼다.

그 후로 나는 겁이 더 많아졌고, 별것이 다 무서워졌다. 좀비와 귀신, 연쇄 살인마가 없는데도 기이하고 불안하고 겁나는 것투성이인 것들이 마음속 구멍으로부터 쏟아져 나왔다. 나는 내가 느끼는 이 세계의 기이함과 불안을 온전히 드러내고 싶었다. 애인에게 지독하게 남아 있는 전 애인의 흔적으로부터 내 자리를 빼앗길까 봐 느끼는 불안을(「흔적」, 2013), 병든 엄마로부터 벗어나고 싶은 마음과 이에 필연적으로 딸려 오는 죄책감을(「유산」, 2021), 늙어 버린 자신을 거부하고, 차라리 다시 태어나서라도 자신의 자리를 되찾고 싶은 마음(「탄생」, 2023) 같은 것들을.

사실 정말로 공포 영화를 찍게 되었을 때, 이 글을 읽는 쫄보 독자만큼이나 대단한 쫄보인 나 역시 궁금했던 것이 두 가지 있다. 첫째, 무서운 장면은 찍을 때도 실제로 무서운가? 아쉽게도(?) 전혀 무섭지 않았다. 실제로 「유산」을 찍을 때, 촬영 팀 중 한 명이 귀신이 속삭이는 소리를 들었다고 했다. 평소의 나라면, 귀신의 속삭임을 직접 듣지 않고 전해 듣는 것만으로 오들오들 떨었을 것이다. 그러나 무서운 장면보다 무서운 것은 초과된 촬영 시간이었다. 나는 제발 계획한 장면을 시간 내 무사히 찍을 수 있기를 귀신 선생님께 간절히 빌었다.

둘째, 내가 만든 공포 영화도 보면 무서운가? 어두운 극장에서 내 영화가 틀어질 때마다, 나는 관객들의 얼굴을 빤히 들여다보고 싶은 충동을 느낀다. 할 수만 있다면 눈에 보이지 않는 유령이 되어 객석 사이를 유영하듯 돌아다니고 싶다. 관객들이 어떤 표정으로 영화를 볼지 너무 궁금하기 때문이다. 하지만 나는 눈에 너무 잘 보이므로 그런 생각은 생각으로만 끝내고, 대신 아주 작은 기척이라도 느끼기 위해 온몸의 감각을 청각에 집중한다. 시선은 스크린을 향해 있지만, 귀는 작은 탄성과 숨죽임마저 잡아내기 위해 집중하느라 영화가 눈에 들어오지 않는다. 영화가 끝나고 극장에서 나가는 관객들이 〈너무 무서웠다〉고 할 때 나는 〈찢었다〉고 생각한다. 그러나 내가 만든 영화가 정말 무서울 때는…… 관객들이 하나도 무섭지 않다고 할 때다. 그래서 누군가 내 영화의 왓챠 평에 〈기괴한 척하다〉라고 남겨 놨을 땐, 세상에 그것보다 무서운 게 없었다.

덧. 좋아하는 공포 영화가 정말 많지만, 10대 남순아의 마음을 사로잡았던 공포 영화 「칼리가리 박사의 밀실」(1919)을 소개한다. 북독일 시골에서 온 칼리가리 박사는 체저레라는 남자에게 최면을 걸어 미래를 점치게 한다. 체저레가 죽음을 예언한 사람은 다음 날 정말로 누군가에게 살해당한 채 발견된다. 기묘한 괴담 같은 이야기와 강렬한 그림자, 누군가의 악몽을 구현한 듯 뒤틀리고 왜곡된 세트 디자인은 요즘 관객을 홀리기에도 충분하다. 한때 최초의 공포 영화라는 타이틀을 갖고 있었지만, 1910년 토머스 에디슨의

영화 특허 회사(MPPC)에서 만들어진 「프랑켄슈타인」이
발견되면서 그 타이틀을 잃었다고 한다.

웃기지 않는 감독의 코미디 영화

초등학생 때 세상에서 가장 웃긴 사람은 〈맹구〉였다. 주말 저녁이면 가족 모두가 TV 앞에 앉아 인기 코미디 프로인 KBS의 「한바탕 웃음으로」를 시청했다. 마지막 코너인 「봉숭아 학당」이 시작되면, 〈저요~ 저요~〉 하고 온갖 난리를 떨며 등장하는 맹구만을 기다렸다. 매주 보는데 매주 웃겼다. 내 또래라면 모두 알 거다. 당시 전국의 어린이들은 맹구가 최고로 웃긴다는 맹구파 아니면 〈오서방〉이 제일이라는 오서방파 둘로 나뉠 정도였다. 주말 TV 속에서 맹구가 했던 개그는 월요일에 학교에 가면 이미 유행어가 되어 있었다. 좀 까분다고 하는 친구들은 맹구 흉내로 교실을 휘저으며 반 아이들을 웃겼고 얌전하고 부끄러움이 많은 편이었던 나는 그 모습을 바라볼 뿐이었다.

당연하게도 한동안 내가 제일 좋아하는 코미디언은 맹구 역을 맡았던 코미디언 이창훈이었다. 그러다 학창 시절 언젠가 신문에선가 잡지에선가에서 그의 인터뷰를 본 적이 있었다. TV 속에선 그보다 더 우스워 보일 수 없는 분장과 말투였던 그의 맨얼굴은 예상과 달리 무척 점잖았다. 인터뷰 내용은 더 놀라웠는데, 그는 평소 말수가 적고 부끄러움을 많이 타며, 표정 변화가 거의 없는 과묵한 성격이라고 했다. 충격이었다. 내가 생각하는 코미디언은 평소에도 남을 웃기기 위해 혈안이 된 사람이어야 했다. 까불거리는 학교 친구들처럼 잠시도 가만히 있지 않고 온갖 우스운 말들을 떠들어 대는 그런 사람들 말이다. 그런데 인터뷰에 묘사된 이창훈의 성격은, 나랑 크게 다르지가 않아 보였다.

당시만 해도 코미디 프로그램들 대부분이 콩트 위주였기에 코미디언들도 배우와 마찬가지로 연기력이 중요했던 시기였다. 본래 연극배우 출신이었던 이창훈 또한 그의 연기력을 인상 깊게 본 코미디언 최양락에 의해 스카우트되었다고 한다. 실제로는 부끄러움이 많고 과묵하며 진지한 사람도 무대 위에서는 맹구를, 코미디를 연기할 수 있다는 것을 깨달은 것이었다. 그랬다. 아마도 그때 처음 생각했던 것 같다. 어쩌면 나도, 사람들을 웃길 수 있겠구나.

재치 있는 말과 유머로 좌중을 웃어넘기는 친구들을 볼 때면 늘 부러웠다. 사람에겐 타고난 성향이라는 게 있지 않은가. 지금도 그렇지만 난 웃긴 사람이라기보다는 얌전하고 과묵하여 심심한 사람에 가깝다. 하지만 고백하자면 이 과묵한 표정 안에는 늘 〈웃기고 싶다〉라는 생각을 하고 있다.
　가끔 내 엉뚱한 말에 친구들이 웃거나 하면 그게 그렇게 신이 났다. 간혹 누군가로부터 〈착하다〉, 〈멋지다〉라는 칭찬을 듣는 건 사실 그리 기쁘지 않았다. 〈웃기다〉는 말을 듣는 것이 역시 세계 최고의 칭찬처럼 느껴졌다. 물론 이런 일은 그리 많이 일어나진 않았다. 타고난 성향이라는 게 있다. 하지만 웃기고 싶다는 어떤 열망이랄까, 욕심이랄까 하는 것이 내 안에 생각보다 꽤 깊숙이 자리하고 있다는 걸 깨달은 것은, 맹구의 비밀을 알게 된 후로도 시간이 제법 지난 뒤인 2009년쯤이었다.

앞서 소개했던 다큐멘터리 「반드시 크게 들을 것」을 2년여 동안 촬영하고 편집하면서, 문득 내가 사람들을 웃기려고 꽤 애쓰고 있다는 걸 깨달았다. 재미있는 편집 아이디어나 웃긴 장면이 만들어질 때마다, 손바닥만 한 골방에서 혼자 키득거렸다. 사람들에게 보여 주고 싶다는 생각에 두근거렸다.

첫 영화제 상영 때가 기억난다. 커다란 스크린에서 수많은 관객을 만나는 경험도 물론 놀라웠지만, 무엇보다 관객들의 웃음소리가 극장에 가득 찰 때마다 머리가 쭈뼛쭈뼛 섰다. 내가 드디어 해냈구나. 웃겼구나!

그 이후로 나는 코미디 장르의 이야기를 만들어 사람들을 웃기겠다고 결심했지만, 문제는 또 있었다. 나의 코미디 취향이 그리 대중적이지 않다는 점이었다. 내가 좋아하는 코미디 영화들은 사실 조금 이상하고 엉뚱한 영화들이었다. 빵빵 웃음을 터뜨리기보다는 어이가 없어서 피식피식하게 되는, 하필이면 그게 내 취향이었던 것이다. 그러한 마이너한 취향으로 영화를 만들다 보니 관객은 둘째 치고, 동료 스태프와 배우에게 나의 취향과 의도에 관해 설명하는 것에도 때때로 어려움을 겪곤 했다.

한때 바둑 신동이었던 주인공 이바둑(박세완)이 오목에 빠지게 되는 이야기인 「오목소녀」는 내가 2018년에 연출한

웹 드라마이자 저예산 독립 영화다. 나의 거친 취향이 마구 잡이로 들어간 이 영화에는 과도한 승부욕 때문에 자신의 왼손에 〈왼손이〉라는 또 다른 인격을 만든 메인 빌런 김안경(안우연)이 나온다.* 여기까지도 물론 일단 이상하지만, 오목 대회 결승전에서 이 왼손이가 일종의 봉인에서 깨어나 김안경을 지배하는 장면이 있었다.

「이건 CG로 하시는 거죠?」

촬영을 준비하던 기간에 미술 팀이 물었다. 깨어난 왼손이를 어떻게 표현할 거냐는 거였다.

내가 대답했다.

「아니요. 손바닥에 인형 눈깔을 붙인 다음에, 입이랑 코는, 음…… 색종이 같은 걸로 만들어 붙이면 어떨까요?」

미술 팀은 처음엔 농담이라고 생각했다가, 그게 아니라는 걸 알고는 걱정스러워했다. 그래도 되냐는 거였다. 그래도 영화인데…… 하지만 막상 준비하면서 보니 미술 팀도 재미가 있었는지 색종이보다는 찰흙이 더 좋을 거 같다는 의견을 제시하더니, 촬영 날엔 이런저런 다양한 표정들까지 찰흙으로 만들어 왔다.

완성된 작품이 영화제에서 처음으로 상영되던 날이 기억

* 내가 좋아하는 만화인 『기생수』에 나오는 〈오른쪽이〉의 패러디다.

난다. 후반부 클라이맥스 장면에서 김안경의 왼손 봉인이
풀리고, 왼손이가 깨어났다.

왼손이 겁도 없이 나를 깨우다니…… 지금부터가 진짜 승
부다!

인형 눈깔과 찰흙으로 만들어진 최종 보스 왼손이가 스크
린에 모습을 드러냈다. 대부분의 관객은 어이가 없어 웃었
고, 몇몇 너그러운 관객은 제법 빵 터지기도 했다. 나는 거
대한 스크린에 가득 찬 왼손이의 클로즈업 숏을 보며 이런
뻔뻔하고 유치한 장면을 만들어 냈다는 것에 소름이 돋았
다. 영화는 흥행도, 별다른 주목도 받지 못했지만, 해보고
싶었던 걸 다 한 나는 즐거웠다.

코미디에 계속 관심을 두고 도전하는 이유는 코미디라는
장르의 매력 때문일 거다. 얼핏 가벼운 이야기처럼 편안한
표정으로 다가와서는 일순간 깊은 일침을 놓는 트로이의
목마 같은 매력이라고 할까? 아니면 느닷없이 따귀를 한 대
때린 다음에, 모기 잡느라 그랬다고 하면 어쩐지 그럭저럭
넘어갈 수 있게 되는 것 같은 매력이라고 할까? 또 생각해

보면 내가 꼭 모두를 웃겨야 할까? 마이너하기에 오히려 취향이 맞는 사람을 만나면 그렇게 반가울 수가 없다. 마피아 게임에서 숨어 있던 마피아끼리 만나듯이 말이다.

그 이후로도 이래저래 코미디 이야기를 만들어 왔지만, 현실의 나는 여전히 얌전하고 과묵하며 심심한 사람이다. 아마도 평생 그럴 것이다. 아무래도 타고난 성향이란 게 있으니까. 하지만 어디에선가 내가 만든 영화와 소설 들이 나를 대신하여 사람들을 피식피식 웃겨 주고 있을 것이라 믿는다. 무대에 오른 맹구처럼.

덧. 좋아하는 코미디 영화가 정말 많지만, 고전 영화는 고리타분하다는 선입견을 산산이 부숴 주었던 「몬티 파이튼의 성배」(1975)를 소개한다. 익숙한 아서왕의 전설을 소재로 하고 있지만, 정신 나간 오프닝 크레디트부터 더 정신 나간 결말까지 정말 단 한순간도 멀쩡한 장면이 없는데, 이를테면 원탁의 기사들을 두려움에 떨게 한 살인 토끼를 성스러운 수류탄으로 없애는 식이다. 1970년대에 만들어졌다는 게 믿기지 않을 정도로 인터넷 밈 같은 B급 유머와 세련된 풍자로 가득한 전설적인 코미디 영화다. 이 작품을 보고 나면 하늘 아래 새로운 것은 없다는 걸 뼈저리게 느낄 수 있다.

예상 밖 커플의 탄생

십수 년 전, 거리 곳곳에 쌓인 눈이 아직 녹지 않은 겨울이었다. 나는 호기롭게도 모 영화제에서 받은 삼백만 원의 상금 중 이백만 원을 들여 짧은 단편 영화 한 편을 찍기로 결심했더랬다. 그때 조감독이 데려온 연출부 스태프가 순아였다.

조감독이 말했다.

「감독님, 그거 알아요? 얘 90년대생이에요!」

「헐.」(당시만 해도 〈헐〉이 유행이었다.)

그랬다. 함께 일하는 동료 중 90년대생은 처음이었다. 게다가 이상했던 건, 내 정면에 앉은 90년대생 순아가 어째선지 자꾸만 내 눈을 쳐다보지 못하고 피하는 것이었다. 내가 물었다. 혹시 불편한 게 있냐고. 그러자 순아는 내가 아닌 자신의 옆자리에 있던 조감독에게 작게 소곤거렸다. 전해 들은 조감독이 웃으며 말했다.

「얘가 감독님이 넘 무섭게 생겨서 못 쳐다보겠대요!」

「헐.」

물론 당시의 나는 검은 가죽점퍼에 검은 청바지, 검은 신발을 신은 데다가, 수염이 덥수룩하게 나서 〈타이거 JK〉를 닮았었기에 내가 봐도 좀 무섭게 생겼었다. 게다가 나는 목소리도 꽤 저음인 데다 늘 무표정해서, 같이 일하던 형들도, 심지어는 우리 부모님도 나를 좀 어려워하셨기 때문에 당연히 그럴 수 있다고 생각했지만 눈도 못 마주칠 정도라니, 내 얼굴이 볼드모트도 아니고 당황스러웠다.

또 나중에 알고 보니 순아는 내가 인디 밴드 출신(?)이라는 걸 미리 전해 들었는데, 순아의 상상 속에서 인디 밴드를 하는 남자는 매일 열패감에 젖어 술 먹고 욕하고 사람을 때릴 것 같은 그런 이미지여서 더 그랬다고도 했다.* 아무튼 나는 그런 순아의 대답에 살짝 상처받으면서도, 참 솔직하고 엉뚱한 사람이라는 인상이 강하게 남았다.

* 순아: 변명하자면, 미디어의 영향이 크다.

표준국어대사전에 따르면 〈당돌하다〉라는 말의 뜻은 〈꺼리거나 어려워하는 마음이 조금도 없이 올차고 다부지다〉라는 뜻이라는데, 당시의 순아가 딱 그랬다.

첫 만남 땐 나와 눈도 못 마주치던 순아는, 금세 내가 만만한 사람이라는 걸 눈치채기라도 했는지 촬영 기간 내내 갑자기 불쑥 찾아와서 이렇게 묻곤 했다.

「감독님은 아빠가 좋아요? 엄마가 좋아요?」

「감독님은 옷이 그것밖에 없어요?」

내 눈을 똑바로 올려다보면서 진짜로 궁금해하는 것처럼 묻길래 웅얼웅얼 뭐라도 대답하고 나면, 또 그다지 궁금하지는 않았던 건지, 〈그렇구나〉 하고 휙 떠나 버리곤 하는 순아였다. 그 때문에 정말 아빠가 좋은지 엄마가 좋은지 잠깐 진지하게 고민했던 스스로가 민망해지는 순간도 더러 있었다.

순아와 연애를 하게 된 것은 그로부터 몇 년이 지난 뒤였다. 후에 알게 되었지만 순아의 이상형은 무섭게 생긴 사람이었고, 욕이든 술이든 순아가 나보다 더 많이 했다.

순아는 늘 자신이 원하는 것을 확실히 말하는 편이었다. 사귀게 된 다음 날이었던가, 내가 문자 메시지를 통해 〈야〉라든지, 〈너〉라든지 하는 식으로 지칭했더니, 그러지 말라고 했다. 연인 사이에는 그렇게 부르지 않았으면 한다는 것이었다. 나는 알겠다고 했고 이후로는 이름으로만 불렀다.

두 번째 데이트 때였던가, 종로의 한 카페에서 커피를 마시던 중에 순아가 불쑥 말했다.

「나는 결혼을 할 생각도 애를 낳을 생각도 없어. 오빠는 어때?」

벌써? 나는 속으로 놀랐지만 태연한 척, 알겠다고, 좋을 대로 하라고 했다. 나중에 알게 되었지만, 순아는 다음과 같은 꿍꿍이였다고 한다.

〈생긴 건 내 타입이지만, 인디 밴드 출신의 영화 하는 남자? 원하는 걸 다 질러 보고 혹시 이상한 사람 같다 싶으면 그만 만나야겠다.〉

심지어 먼저 만나자고 한 것도 자기였지만, 그랬다고 한다. 다행히도 순아의 예상보다 내가 그리 이상한 사람은 아니었는지 그 이후로 10년 넘게 만나고 있다.

순아가 나를 무섭게 생긴 사람으로만 생각했던 반면에 나는 순아에 대해 그저 귀엽고 당돌한 어린 사람 정도로만 생각했던 것 같다. 아무래도 내가 나이도 더 많은 데다가, 나는 평소 주변 사람들에게 주로 잔소리를 하는 쪽에 속했기 때문에 순아와도 그런 관계가 되지 않을까 짐작했지만, 실상은 오히려 반대였다. 각종 사안에 대해 이런저런 이야기를 나누다 이견이 생길 때면, 두리뭉실한 감정과 느낌이 무턱대고 앞서는 나에 비해, 조근조근 깊은 사유를 내놓는 순아의 말이 맞다는 생각이 들어 결국 수긍하게 될 때가 많았다. 순아가 나보다 훨씬 현명하며 본받을 만한 사람이라는 걸 인정하는 데에는 오랜 시간이 걸리지 않았다. 이후로 잔소리는 주야장천 내가 듣고 있다.

어찌 보면 첫인상으로부터 비롯된 서로에 대한 예상은 우리 둘 다 빗나갔다고 볼 수도 있다. 물론 나는 처음부터 순아와의 연애가 심상치 않다고 예상하긴 했었는데, 순아와 함께 있으면 어쩐지 모르게 솔직한 내 모습으로 있을 수 있게 된다는 점 때문이었다.

오랫동안 알고 지내 왔던 친구들 사이에서도 나는 무뚝뚝하고 단단하여 냉정하기까지 한 사람으로 보일 때가 많았지만, 실제의 나는 꽤 까불기도 하고, 엉뚱한 짓도 많이 하고, 겁도 많은 사람이다. 유독 순아와 있을 때는 그런 나의 맨 모습을 드러내도 괜찮게 느껴지는데, 아마도 순아부터가 솔직한 사람이기에 나도 그렇게 되지 않나 싶다.

그리고 이러한 점이 긴 시간 동안 무사 연애를 할 수 있는 비결 중 하나라고, 현재는 생각하고 있다.

사실 처음 이 책을 쓰기로 했을 때 우리 연애에 관한 이야기는 굳이 자세히 쓰지 말자고 순아에게 이야기했었다. 누가 이런 것에 관심이 있나 싶었기 때문이다. 하지만 쓰다 보니 어느새 내 인생의 4분의 1 이상을 함께한 순아와의 인연을 시작하게 된 계기를 빼놓기도 어렵다는 생각도 들어 짧게 써보게 되었다.

그리고 보면 이 글 초반에 언급했던 단편 영화는 내 평생 유일하게 완성하지 못한 영화가 되었다. 하지만 그로 인해 순아를 만날 수 있었다.

인연이란 게 참 묘하다.

영화인 × 영화인 커플의 탄생

2013년, 영화인 × 영화인 커플이 되었으니, 나는 앞으로 우리가 수없이 많은 영화를 함께 보고, 작품에 대한 지적인 대화를 나누게 되리라 몹시 기대했다. 우리의 주된 데이트 장소는 아마도 극장이겠지. 멀티플렉스 영화관보다는 작고 아늑한 예술 영화관이나 독립 영화관일 것이다. 작은 노트북으로 함께 영화를 보는 것도 나쁘지 않을 터였다. 각자의 인생 영화, 혹은 엄선하여 골라 온 영화를 보며 서로의 취향에 감탄하게 될지도 모른다. 영화제 기간에는 신중하게 짠 시간표를 바탕으로, 아침부터 밤까지 영화들을 잔뜩 보겠지. 밤새 영화 서너 편을 내리 보는 미드나이트 섹션 관람 후, 졸린 눈으로 첫차를 타는 것도 낭만적일 것 같았다.

영화를 다 본 뒤에는 그 영화에서 어떤 장면이 좋았는지, 무엇이 인상적이고 아쉬웠는지 열띤 토론을 하고, 그 감독의 전작들을 찾아보며 예술혼이 충만한 연애를 할 거라고 말이다.

그때는 영화감독이 될 거라고 말하려면, 영화감독이 되고 싶어하는 수많은 이에게 자신의 영화 취향을 심사받아야 했다. 일종의 진검승부, 약자 지목 배틀 같기도 했는데, 얼마나 예술적이고 어려운 영화를 말하는지에 따라 승부가 결정되는 듯했다. 한 가지 분명한 건, 상업 영화를 말해선 안 된다는 것이다. 한번은 「광해, 왕이 된 남자」(2012)를 꼽았는데, 〈너는《그런》영화를 좋아하는구나?〉라며 은근한 비웃음거리가 됐다(그때는 부끄러웠지만 여전히 좋은 영화라고 생각한다).

　나는 불시에 닥칠지 모르는 승부에 언제든 응할 수 있도록 시네필의 세계를 기웃거렸다. 시네필 꿈나무로서, 내 방 책꽂이에는 고다르와 트뤼포, 히치콕과 짐 자무시에 대한 책과 DVD가 잔뜩 꽂혀 있었다. 여차하면 무기로 써도 손색없는 『옥스퍼드 세계 영화사』도 꽂혀 있음은 물론이다. 〈아피찻퐁 위라세타쿤〉 감독의 풀 네임을 열심히 외우고

(위세라타쿤이라고 말하지 않기 위해 부단히 애썼다), 종로 낙원상가 옥상에 있던 서울아트시네마에도 뻔질나게 들락거렸다. 뭐가 좋다는 건지는 잘 몰라도 남들이 좋다고 하는 것을 나도 알고 싶어 했던 시절이었다.

승화와 연애를 시작한 지 얼마 안 되었을 때, 서울아트시네마에서는 〈시네마테크의 친구들 영화제〉가 열렸다. 나는 승화에게 〈벨라 타르〉 감독의 「사탄탱고」(1994)를* 데이트할 겸 보러 가자고 제안했다. 다음은 서울아트시네마 홈페이지에 소개된 「사탄탱고」 줄거리의 일부다. 〈어느 시골의 작은 마을에는 가난과 함께 살아가는 사람들이 있다. 공동 농장에서 농사를 지으며 살아가는 이들은 수확물을 두고 갈등을 일으킨다. 그리고 죽은 줄 알았던 남자가 살아 돌아오면서 마을은 더 큰 혼란에 빠진다.〉

「사탄탱고」에 대해 이야기할 때 흥미로운 스토리만큼 중요한 게 있다. 그건 바로 「사탄탱고」의 러닝 타임이 438분이며, 흑백 화면에 매 숏마다 2분이 넘는 롱 테이크를 선보이는 작품이라는 것이다(물론 이 날 이후 차마 다시 확인

* 영화 「사탄탱고」의 원작 소설을 쓴 헝가리 작가 크러스너호르커이 라슬로는 2025년도 노벨 문학상을 받았다.

할 엄두를 내지 못했으므로 진위를 확인할 길은 없다. 하지만 체감은 분명히 그렇다). 스스로에게도 쉽지 않은 선택임에도 내가 데이트 영화로「사탄탱고」를 고른 것은, 그즈음 7분 동안 말이 달려오는 모습만 나오는 벨라 타르 감독의 다른 영화「토리노의 말」(2012)을 잠들지 않고 끝까지 보았다는 것에 스스로 큰 자부심을 느끼기도 했고(이 역시 체감일 수도 있음을 밝힌다), 흡사 차력 쇼에 가깝게 느껴졌던 러닝 타임과 승부하고 싶기 때문이기도 했다. 더불어 아직 연애 초반, 승화에게 애송이보다는 지적이고 멋진 사람처럼 보이고 싶었다.

그런 의도를 숨긴 채, 원래 이런 예술 영화쯤은 일상처럼 즐긴다는 듯이 나는 승화를 데리고 서울아트시네마에 갔다. 영화가 시작한 지 얼마 되지 않아 곁눈질로 승화를 훔쳐보는데, 승화가 자고 있었다. 그때의 충격을 강조하기 위해 다시 한번 말한다. 승화가 자고 있었다. 서울아트시네마에서, 위대한 벨라 타르의 438분짜리 영화가 시작한 지 15분도 안 되어서.

나는 알고 보면 꽤나 모범생 타입으로, 극장에서 영화를 보면서 잔다는 것은 생각도 해본 적 없었다. 나는 승화가 자는 것을 믿을 수 없어서, 혹시 전날 새벽까지 깨어 있느라 잠깐 피곤해서 잠들었던 것뿐 다시 눈을 뜨면 이 위대한 영화에 감탄하고 이 영화를 보자고 제안한 나에게 감탄하지 않을까, 영화에 집중하지 못하고 승화가 잠에서 깨진 않는지 계속해서 힐끔거렸다. 그러나 밤에 잠이 안 오면 어쩌려고 저렇게 계속 자나 싶을 만큼, 승화는 깨지 않았다.

438분이나 되는 영화는 중간에 쉬는 시간을 갖는다. 쉬는 시간에 배고픈 시네필들은 낙원상가 근처 김밥천국에 가서 요기하며 체력을 보충했다. 이후에도 영화를 한참 봐야 하기 때문이다. 승화와 나도 배고픈 시네필들과 함께 김밥천국으로 향했다. 극장 의자가 오래된 탓인지 아니면 오랜 시간 앉아 있었던 탓인지 허리는 끊어질 듯했고, 엉덩이는 배겼으며 어깨와 목도 뻐근했다. 쉬는 시간이 짧기 때문에 시네필들은 허겁지겁 김밥을 입에 쑤셔 넣고 서둘러 김밥천국을 떠났다. 시네필들의 달려가는 뒷모습을 보며 나는 마음이 초조해졌다. 영화의 3부 시작을 조금이라도 놓치고 싶지 않아서 빨리 극장으로 돌아가고 싶은 마음이 굴뚝 같은데 승화가 너무 느긋했다. 나는 승화를 재촉하고 싶은 마음을 꾹 참고, 3부 시작 시각이 얼마 남지 않았다고 부드럽게 말했다. 그러나 승화는 이해가 가지 않는다는 듯이 말했다.

「왜 이렇게까지 해서 영화를 봐야 하는지 모르겠어.」

나는 또다시 큰 충격에 빠졌다. 승화는 전날 새벽까지 무리해서 잔 게 아니었다. 그냥 영화가 지루하고 졸려서 잔 것이다. 나는 승화의 말을 정확히 들었지만 못 들은 척했다. 내가 화가 났던 것은 아니다. 다만 너무 큰 충격을 받아서 뭐라고 대꾸해야 할지 몰랐을 뿐이다.

아무튼 우리는 늦지 않게 극장으로 돌아왔다. 극장의 불이 꺼지자 배부른 승화는 다시 단잠에 빠졌고,* 나는 차력 쇼 같은 시간을 온몸으로 견디며 생각에 잠겼다. 그러니까 나는 멋지고 지적인 사람처럼 보이고 싶어서, 언젠가 펼쳐질 진검승부에서 438분짜리 영화를 졸지 않고 봤다고 자랑하기 위해서 「사탄탱고」를 보러 왔다. 승화가 단잠에 빠지지 않고 이 영화를 봤더라면, 나는 영화가 끝난 후 승화에게 이 감독의 다른 작품인 「토리노의 말」은 또 얼마나 훌륭했는지 애써 설명하려 했을 것이다. 집에 가서는 작품의 의의를 찾아보며 내가 미처 느끼지 못한 훌륭함을 학습했을 것이

* 승화: 나도 예술 영화를 좋아한다! 아피찻퐁 위라세타쿤의 「엉클분미」 (2010)는 극장에서 세 번이나 봤다. 물론 세 번 다 잠들긴 했지만……

다. 누군가 「사탄탱고」가 왜 좋은 영화냐고 묻는다면 그냥 보면 안다고, 관객을 압도하는 〈뭔가〉가 있다고 두루뭉술한 대답으로 안전하게 질문을 피해 갈 것이었다. 하지만 승화는 온몸으로 이 영화를 거부하고 있었다. 나는 그런 승화가 너무 신기했다. 문득, 왜 그토록 시네필로서 인정을 받으려고 한 건지, 진지하게 진검승부를 벌이던 것이 우습다는 생각이 들었다.

나는 멋진 사람들을 만날 때면 자주 긴장했고, 내가 그들처럼 충분히 멋지지 않을까 봐 걱정했다. 극장에서 영화를 보다가 잠드는 것을 상상해 본 적 없듯이, 유명한 작품이 재미없다거나 지루하다고 말하는 것도 상상해 본 적 없었다. 혹시라도 지루하다면 그건 내가 이해하지 못해서인 걸까 봐, 남들보다 빠르게 그 영화 참 좋더라고 말했다. 그리고 내가 이해하지 못한 게 들통날까 봐 전전긍긍했다. 많은 게 서투른 때였다.

그렇다고 해도 지금 와서 생각해 보면, 비록 지적 허세 때문이었다고 해도 몰려오는 졸음을 꾹 참으며 무슨 말인지 혹은 도대체 뭐가 좋다는 건지 이해할 수 없는 영화들을 어떻게든 눈에 담았던 시간은 내게 분명히 의미 있는 시간이었다. 오래된 극장의 분위기가 좋았고, 아피찻퐁 위라세타쿤을 비롯한 해외 감독들의 어려운 이름을 외우는 것도 좋았다. 하지만 승화의 폭탄선언으로 나는 남의 시선을 의식하는 영화 보기에 대해 다시 생각해 보게 되었다. 승화는 영화사적으로 의미 있는 영화보다는 자신의 취향에 맞는 영화들을 보고 싶어 했다. 그런 승화를 보고서야, 나는 내가어떤 영화를 좋아하는지 스스로에게 질문을 던져 보게 되었다. 그건 매우 새삼스럽고, 낯선 질문이었다.

뽀뽀필름

영상 제작 아르바이트를 위해 개인 사업자가 필요했던 승화는 순아와 함께 제작사를 차리기로 하고, 사업자명에 관한 의견을 물었다.

순아가 말했다.

「뽀뽀필름 어때?」

「다른 건 없을까?」

「응.」

그런 연유로 관우처럼 생긴 승화는 영상 제작사 뽀뽀필름의 대표가 되었다. 한번은 세금 문제로 세무서에 전화했는데, 담당자가 사업자명이 어떻게 되냐고 물었다.

승화가 특유의 저음으로 대답했다.

「뽀, 뽀뽀…… 필름입니다…….」

저 너머의 담당자는 몰랐겠지만, 승화는 얼굴이 빨개졌다고 한다.

하여튼 둘은 뽀뽀필름의 이름으로 몇 편의 단편 영화와 뮤직비디오 등을 제작하기도 했는데, 자세한 내용은 뽀뽀필름 홈페이지(ppoppofilm.com)에서 확인할 수 있다.

2
우당탕탕

동종 업계 연인의 공(公)과 사(私)

2016년에 연출한 「걷기왕」의 간단한 줄거리를 적어 보자면 다음과 같다. 〈심한 멀미로 매일 몇 시간씩 걸어서 등하교하던 천하태평 여고생 이만복(심은경)이 육상 종목 중 하나인 경보를 시작하게 되면서 경쟁의 세계에 발을 딛는 이야기.〉

최초 시나리오를 쓰는 과정에서부터 순아와 많은 의견을 나누었다. 우리 둘의 영화적 취향은 꽤나 다른 편이었는데 뭐랄까, 결과적으로는 호흡이 잘 맞았다. 이를테면 내가 영화 속 내레이션을 누가 하면 좋을지 고민하자, 순아가 장난스레 말했다.

「만복이네 소가 내레이션을 하면 어때?」

강화도 시골에 사는 주인공 만복이네는 집에서 소를 키우고 있다는 설정이 있었는데, 그 소가 내레이션을 하면 어떠냐는 거였다. 나는 그게 정말 재밌는 아이디어라고 감탄하면서, 시나리오에 소의 내레이션을 넣었다.

소순이(NA)   만복이는 오늘도 두 시간씩 걸어서 학교에 간다.
         음메~

다음 날, 시나리오를 본 순아는 크게 당황했다.

「정말 넣었어? 농담이었는데…….」

후에 들어 보니 순아는 자신이 농담으로 아무렇게나 던진 말들이 자꾸 시나리오가 되어 버려서 좀 무서웠다고 한다.

본격적으로 촬영을 준비하는 프리프로덕션 기간에, 나는 순아를 연출 팀의 〈스크립터〉 역할로 추천했다. 영화 현장에서 스크립터는 주로 감독의 가장 가까운 곳에서 모든 걸 기록하고 체크하는 일을 하는데, 나는 최초 시나리오 단계에서부터 나와 많은 의견을 공유하며 이 영화에 대한 이해

가 누구보다 좋은, 이른바 〈살아 있는 외장 하드〉 같은 순아
가 스크립터로 적합하다는 판단이었지만, 주변에서는 우
려했다. 아무래도 우리가 연인이라는 점 때문이었다.

영화 현장은 힘이 든다. 특히 감독이라면 정신적, 육체적
으로 거의 밑바닥을 확인하게 되는 경우가 많다. 평소엔 세
상 점잖던 사람도, 악마라도 들린 것처럼 온종일 짜증과 투
정을 입에 담고, 창밖에 태풍이 불어도 덤덤하기만 하던 사
람도 살랑이는 바람 때문에 잠 못 이룰 만큼 예민 보스가 되
어 버린다. 게다가 무려 첫 장편 영화를 연출하는 애송이 감
독이 얼마나 망가질지는 미지수인데 서로 좋은 모습만 보
여야 할 연인이 가장 가까운 곳에 있다면, 나도 순아도 서로
에게 좋지 않을 것이며, 그럼 그 여파가 영화의 연출적인 부
분에도 영향을 줄 거라는 우려였다. 쉽게 말해 공과 사는 따
로여야 하지 않겠냐는 것이다.

영화 현장의 이야기를 다룬 코미디 「망각의 삶」(1995)
에서는* 람보처럼 생긴 촬영 감독이 연인이던 조감독과 헤
어져 촬영에 집중하지 못하고 계속 울음을 터뜨려, 감독의
속이 뒤집어지고 촬영이 지연되는 장면이 나온다.

---

* 저예산 영화감독 닉(스티브 부세미)은 새로운 영화를 찍고 싶지만, 모
든 게 뜻대로 되지 않는다.

그럼 우리는 어땠을까?

결론부터 말하면 별문제는 없었다. 적어도 영화에 영향을 줄 만한 일은 없었다. 나는 애송이 감독이었지만 예상보다 덤덤한 애송이 감독이었고, 때때로 예민하게 굴긴 했지만 순아가 오히려 이를 이해하고 격려해 주었다.

물론 지금에 와서 당시의 내 모습을 떠올리면 끔찍한 기억이 대부분이긴 하다. 촬영하는 한 달 내내, 〈아무것도 모르겠다〉라는 생각 풍선이 내 머리 위에 떠다녔다. 그렇지만 매번 OK인지 NG인지 감독의 선택만 기다리고 있는 수십 명의 스태프와 배우 앞에서, 〈전혀 모르겠습니다만〉 하고 솔직히 말할 수는 없는 노릇이었다.

매일 생각만큼 잘되지 않는 자신의 부족함을 느끼고 스스로를 책망하면서도 다른 사람들에게는 확신을 주어야 하는 시간이었다. 쉽게 말해 어디 가서 투정 부릴 곳이 없다는 것이었다. 여러 가지 힘들었던 점과 즐거웠던 점들도 수두룩하지만 이 글에서 말하고자 하는 것은 그 여러 가지 감정의 소용돌이를 함께 지내 온 동료가 여전히 내 곁에 있다는 것에 대해서이다.

「걷기왕」 이후로도 여러 작품을 순아와 함께했다. 내가 연출자였던 적도 있었고, 반대로 순아가 연출자였던 적도 있었다. 함께 일하면 일할수록 우리의 호흡도 전보다 더 나아졌다. 기획 단계에서 상영 단계까지 모든 일련의 과정을 함께하다 보니 서로에게 더욱더 살아 있는 외장 하드 같은 역할이 되어 주었다. 연인이기 이전에 함께 성장해 나갈 수 있는 믿음직한 동료를 얻었다는 것은 큰 수확이었다.

만약 연인이어서 안 된다는 우려 때문에 함께 작업하지 않았다면, 그리고 이후에도 공과 사를 구별하려고만 했다면, 무결한 연인은 남았을지 몰라도, 생사를 함께 오간 믿음직한 동료는 없었을 것이다.

참으로 다행이다.

동종 업계 연인의 장(長)과 단(短)

승화와 내가 연인 관계라는 것을 안 사람들은, 동종 업계 사람끼리 만나면 안 싸우냐고 묻는다. 결론부터 말하면 싸운다. 그것도 겁나 시시콜콜한 것으로.

「걷기왕」 촬영 때도 그랬다. 승화는 힘든 와중에 내가 힘이 되었다고 말하지만 내 기억은 조금…… 많이 다르다. 그가 첫 장편 영화 감독으로 데뷔한 것처럼, 나 역시 어영부영 첫 장편 영화 스크립터로 일하게 되어 모든 게 과부하 상태였다. 뭐가 뭔지 하나도 모르겠으면서도 지금 내가 일을 못하고 있다는 사실만큼은 너무나 명확하여, 미친 듯이 쪼들리는 상태였다. 조금만 생각해 보면 감독과 스크립터가 느낄 압박감은 차원이 다르다는 걸 알 수 있었을 텐데, 내 코가 석 자였던 나는 내가 느낀 압박감을 고스란히 승화에게 분출했다.

　우리는 거의 모든 촬영마다, 아침 점심 저녁마다 싸웠다. 싸움에는 말을 왜 그렇게 하느냐부터 시작해서 지금 너만 힘드냐는 클리셰까지 총동원됐다. 섭섭함과 불안을 삼키지 못하고 모조리 쏟아 내고 나면, 우리에게 걱정과 우려의 눈빛을 보냈던 이들의 얼굴이 떠올랐다. 그래도 우리는 하루가 끝나기 전에 반드시 화해했다. 내일은 내가 더 잘할게, 앞으론 싸우지 말자. 당연히 또 싸웠다.

당시 내가 너무 싸가지 없었다는 걸 깨달은 건, 그로부터 몇 년 뒤 내가 「추석 연휴 쉽니다」(2019)를 연출할 때였다. 겨우 3회 차밖에 되지 않는 단편 영화를 찍으면서, 「걷기왕」 때와 비교하면 절반도 되지 않는 스태프와 배우 앞에서 나는 혼이 쏙 빠졌다. 어떤 감독들은 머릿속에 자신이 원하는 이미지가 분명하게 있다는데, 애송이 감독이었던 나는 눈앞에 펼쳐진 장면이 좋은지 아닌지조차 알 수 없었다. 〈컷〉을 외치자마자 내 쪽으로 쏠리는, 오케이인지 엔지인지 감독의 결정을 기다리는 스무 개의 눈에 온몸이 뚫려 버릴 것만 같았다. 내가 얼마나 무능한지 모두에게 실시간으로 낱낱이 까발려지는 느낌이 몹시 끔찍했다. 잠시 시간을 벌기 위해 촬영 감독에게 플레이백을 요청하고 방금 찍은 소스를 보면서 나는 「걷기왕」 촬영 당시를 떠올렸다. 그리고 생각했다. 남순아, 이 싸가지 없는 것⋯⋯.

생각해 보면 「걷기왕」 때 내가 승화에게 그렇게 짜증을 냈던 이유는, 스크립터로서 잘해 내고 싶은 마음이 들었기 때문인 것 같다. 잘하고 싶은 마음이 들면 불안해진다. 불안을 해소하는 가장 쉬운 방법은 가까운 사람에게 짜증을 내버리는 것이다. 내가 「걷기왕」의 스크립터로 참여한 이유가 승화에게 힘이 되고 싶어서였으면서 말이다. 「걷기왕」 현장에서 내가 승화에게 힘이 아니라 넘어야 할 산이었음을 뒤늦게 깨달은 나는 양심의 가책을 느끼며, 「추석 연휴 쉽니다」에 스크립터로 함께한 승화에게 말했다. 〈나랑 헤어지지 않아 줘서 고마워⋯⋯.〉 어리바리 스크립터로 데뷔하게 되어 제 코가 석 자인 승화는 어리둥절할 뿐이었다.

승화는 내가 연출하는 극영화 작업에서 지금까지 스크립터 역할을 맡아 왔다. 승화가 감독으로서 작업해 온 것을 아는 제작진들이 우리 둘 다에게 〈감독님〉이라고 부르자 나는 승화에게 다른 호칭이 필요하다고 판단했고, 잠깐 고민 끝에 스크립터님을 줄여 〈스님〉이라는 귀여운 별칭을 지어 줬다. 금세 다들 스님이라는 호칭에 익숙해졌는데, 한번은 사정을 모르는 분이 작은 목소리로 〈근데 저분 정말 스님이세요?〉라고 질문했다. 승화 역시 〈촬영장 밖에서는 스님이라고 너무 크게 부르지 말아 줘……〉 하고 부탁한 적이 있다.

동종 업계 연인과 함께 일하게 되었을 때 장점과 단점은 명확하다. 장점은 우리가 함께라는 것이다. 단점은 우리가 함께라는 것이다. 조금 더 자세하게 설명해 보겠다. 아침에 눈을 뜨면 우리는 함께 출근한다. 함께 일하고 함께 쉬고 함께 퇴근한다(〈함께〉라는 말을 이렇게 많이 쓰니 게슈탈트 붕괴가 오는 것 같다). 일을 마치고 집에 왔는데, 직장 동료가 집에 가질 않는다. 그의 집이 우리 집이기 때문에, 우리 집이 그의 집이기 때문에. 우리의 스케줄이 똑같기 때문에, 우리는 휴일도 함께다. 촬영이 끝난 다음 날, 승화가 잠시 편의점에 간 사이 아무도 없는 조용한 집에서 나는 깨달았다. 혼자 있고 싶다는 것을.

하루 종일 붙어 있으므로 작업에 대한 고민과 아이디어를 언제든 나눌 수 있다는 것도 동종 업계 연인의 장점이자 단점이다. 내 일을 누구보다 잘 이해하는 사람이 연인인 대신, 직장 동료가 나랑 살고 있다는 것. 밥 먹다가도, 씻다가도, 한밤중에도 일 얘기를 할 수 있다는 것. 그러나 겨우 시간을 낸 데이트에서까지 일 얘기가 끝나질 않자, 참다못한 내가 선언했다. 데이트에서까지 일 얘기를 나누다니, 성질이 박박 났다.

「지금부터 일 얘기 금지!」

일 얘기 금지령을 내렸으니, 이제야 데이트를 제대로 즐길 수 있을 것 같았다. 그러나 머릿속에서 아까 조감독님이 말하셨던 게 생각난다. 어차피 퇴근 시간이니까 내일 말할까? 아, 근데 까먹을 것 같은데. 5분도 지나지 않아 내가 눈치 보며 말했다.

「잠깐, 이거까지만 말할게.」

이제부턴 진짜 진짜 일 얘기 금지다, 우린 진짜 데이트를 즐기는 거야! 하지만 한 번 깨진 금기는 힘없이 자꾸만 깨져 나갔다. 우리는 서로 여기까지만 말하겠다고 큰 소리만 치면서, 결국 데이트 내내 일 얘기를 나눴다. 일과 생활을 분리하는 슬기로운 방법을 찾아보려 이런저런 방법을 시도해 봤지만, 번번이 실패로 끝나고 말았다.

그 외에도 출퇴근길 택시비를 반반 낼 수 있다는 점이 큰 장점이고, 아무도 집안일을 하지 못하기 때문에 집이 난장판이 된다는 점이 큰 단점이다.

마지막으로, 승화는 촬영장에서 어리석고 못난 내 모습을 보여 줘도 부끄럽지 않은 유일한 사람이다. 애착 인형처럼 승화가 곁에 있다는 이유만으로 안심될 때가 많다. 오늘 촬영 조졌다는 패배감에 휩싸여 집으로 돌아오는 길, 말없이 손을 잡는 것만으로 위로받기도 한다. 승화가 없는 촬영장은 상상하기 어렵다. 그래서인지 우리는 연애를 시작하고 나서 지금까지 한 번도 서로가 없는 영화 현장을 경험해 본 적 없다(하지만 나는 언젠가 승화의 촬영장에 스태프로 참여하지 않고, 시원한 음료나 사 가면서 〈잘돼 가?〉 하고 물어보고는 혼자 집으로 쏙 돌아오는 날을 꿈꿔 본다).

여전히 우리는 같이 일하면서 때때로 자신의 예민함을 드러내고, 금방 후회하며 사과한다. 하지만 동종 업계이든 아니든, 관계에서 중요한 건 서로를 가여워하는 마음인 것 같다. 잘하고 싶을 때의 긴장과 부담이 얼마나 힘든지 누구보다도 잘 아니까. 그래도 잘하고 싶은 마음은 누구에게나 있으니까. 여러 시도와 실패를 겪으며, 우리는 서로에게 힘이 되기도 하고 짐이 되기도 하면서 함께 나아가고 있다.

순아

말하는 해골이 되어 줘

나와 순아처럼 이야기를 만드는 사람은 출퇴근 시간이 따로 없다. 아침에 눈을 뜬 이후부터 밤에 눈을 감을 때까지 이야기에 대해 생각하거나, 생각하지 않는 순간에도 생각해야 한다는 생각으로 늘 초조한 상태다. 온종일 일하는 동시에 쉬고 있는, 일종의 중첩 상태랄까?

온갖 아이디어와 써야 한다는 부담감으로 머릿속이 혼란스러울 때, 내가 자주 사용하는 방법 하나는 다른 누군가에게 내 생각을 떠드는 것이다. 그 누군가는 거의, 대부분, 항상 순아다.

「잠깐만 들어 볼래?」

내가 말하면, 순아가 올게 왔군, 하는 표정으로 나와 마주 앉는다. 나는 현재 쓰고 있는 이야기에 대한 아이디어와 그 아이디어의 어떤 부분이 마음에 들지 않는지, 혹은 이야기의 플롯이나 캐릭터의 변화는 어떤지 등, 온갖 고민을 주저리주저리 떠든다.

「지금의 이야기 구성은 핵심 소재를 가장 잘 활용하는 방법이 아닌 것 같아. 이 소재의 재미는 우연히 조합되는 능력의 엉뚱함에서 나오는데, 지금은 너무 조직화한 능력자물처럼 전개되는 것 같아. 예를 들어 어떤 영화에서는 말이야. 이러쿵저러쿵했는데, 그게 내 이야기에 적용되긴 어렵단 말이야. 그럼 어떻게 해야…… 아!」

이렇게 순아에게 말하기 위해 내 머릿속에 떠다니던 생각들을 단어와 문장으로 정리하다 보면, 어느 순간 〈아!〉 하고 스스로 답을 찾게 되는 경우가 있다. 혹은 순아가 어떤 피드백을 해주었을 때 그 피드백에 대해 반론을 펴거나, 동의하려다가 답을 찾기도 한다.

쉽게 말해 내 생각을 상대방에게 설명하거나 설득하려다 보면 고민이 스스로 뾰로롱 정리가 되어서 해답을 찾는 것이다.

영국의 추리 드라마 「셜록」(2010)에 보면 비슷한 장면이 나온다. 사설탐정인 셜록 홈스의 거실에는 사람 해골이 하나 있다. 해골은 셜록이 추리를 위해 생각을 정리할 때 셜록의 말을 들어 주는 용도인 것이다. 해골이 말할 순 없을 테니 혼자 신나게 떠들던 셜록은, 떠들다 말고 제 혼자 해답을 찾아낸다. 자문자답이랄까. 이후 왓슨이라는 조수가 생기자, 그가 해골을 대신하게 되는데, 왓슨은 자신을 세워 두고 자문자답하는 셜록을 보고, 자신의 용도가 그저 〈말하는 해골〉이라는 것을 깨닫게 된다.

마찬가지로, 순아는 나의 말하는 해골인 것이다. 이렇게 말하면 순아가 서운해할까? 그렇진 않을 것이다. 왜냐하면 나 또한 순아의 말하는 해골이기 때문이다. 우리는 서로에게 기꺼이 해골이 되어 주곤 한다. 주로 듣기만 하는 셜록의 해골과 달리 우리의 해골은 듣고만 있진 않는다. 뭐라도 도움을 주기 위해 아이디어를 마구 던지지만, 해골이 내는 아이디어는 잘 먹힐 때도, 먹히지 않을 때도 있다. 이때 말하는 해골로서 가장 중요한 것은, 자신이 〈말하는 해골〉이라는 것을 잊지 말아야 한다는 것이다.

내 의견이 잘 먹히지 않는다고 해서 실망하거나 혹은 내 의견을 관철하고자 무리하게 충돌을 일으키는 건 해골답지 않다. 물론 나도 내 의견이 잘 먹히지 않으면 실망스러울 때가 있지만, 그럴 때면 〈그래, 해골이 뭘 알겠어〉 하는 심정으로 또 다른 아이디어를 던지는 것을 망설이지 않는다.

어쩌면 그것이 말하는 해골의 힘일지도 모른다. 가감 없이 듣고 말하고, 개의치 않는 것.

해골이 뭘 알겠어.

동종 업계 연인의 사명

승화와 나는 새로운 작업 아이디어가 떠오르면 서로에게 가장 먼저 들려준다. 흥미로운 아이디어가 떠올랐을 때, 이게 나만 괜찮은지 남들이 보기에도 그런지 1차 검증을 받는 것이다. 우리는 이를 우리의 제작사 〈뽀뽀필름〉의 이름을 따서 〈뽀뽀피칭〉이라고 부른다. 피칭이란 야구에서 투수가 포수를 향해 공을 던지는 것을 말하는데, 영화 쪽에서는 제작 지원 혹은 투자를 받기 위해 짧은 시간 동안 작품의 핵심 아이디어를 전달하는 것을 뜻한다. 그러니까 뽀뽀피칭은 영화 일을 한다고 하지만 촬영장에 나가는 날보다 컴퓨터 앞에 앉아서 기획서와 시나리오를 쓰는 날이 많은 우리 둘만의 자체 심사다.

뽀뽀피칭은 절대 각 잡고 이뤄지지 않는다. 때와 장소를 가리지 않고 밥을 먹다가 혹은 잠들기 직전에, 씻으려고 탈의하는데 불쑥, 〈어떤 여자가 있어〉 하며 갑자기 점 보러 다니는 여자에 대한 이야기를 들려준다. 마치 내가 아는 여자에 관한 이야기인 것처럼. 절대 간절해 보여선 안 된다. 대수롭지 않은 척 떠보듯이 슬쩍 말해야 한다.

뽀뽀피칭을 들은 상대는 그 이야기가 흥미로운지, 아니면 그 이야기가 흥미로워지려면 어떻게 해야 하는지 의견을 낸다. 절대 쓰지 말라고는 하지 않지만, 상대 반응이 영 탐탁지 않으면 발표자는 금세 기분이 언짢아진다. 서로를 오래 봐왔기 때문에 잠깐의 침묵, 미묘한 표정 변화만으로도 통과인지 아닌지 바로 알 수 있다. 겉으로는 그다지 신경쓰지 않는 척하지만, 속으로는 왜 재밌어하지 않는 거냐고 분해하면서 아이디어를 보완한다. 몇 번의 피칭 끝에 마침내 아이디어가 통과되면 그렇게 짜릿할 수가 없다.

그러나 뽀뽀피칭에 성공했다고 해서 글이 술술 써지는 것은 아니다. 주인공 이름만 짓거나, 신 넘버만 쓰거나, 그마저도 다시 지우는 일도 부지기수다. 하루 종일 한 일이 주인공의 이름을 짓기 위해 한자 사전을 들여다본 거라면, 이럴 때가 아닌데…… 하면서 괴로워진다.

글이 써지지 않을 때 나는 요가를 한다. 책상 근처에는 요가 매트가 깔려 있다. 작업이 안 되면 몸이라도 건강하길 바라는 마음에서다. 그래도 안 되면 집 안 청소를 시작한다. 작업이 안 되면 집이라도 깨끗하길 바라는 마음에서다. 애거사 크리스티도 글쓰기의 워밍업으로 설거지를 했다고 한다. 설거지가 플롯을 이어지게 한다고 했다나? 그래도 안 되면 산책도 하고, 샤워도 하고, 뭐라도 하나 걸려라, 하는 마음으로 책과 영화, 유튜브를 보면서 머릿속에 인풋을 때려 넣는다. 지금 이럴 때가 아닌데…… 괴로워하면서. 승화는 자기가 쓴 글을 음성으로* 듣거나, 핸드폰으로 읽는다. 이렇게 하면 안 보이던 게 보인다나.

작업이 안 풀려서 괴로워하면 승화는 같이 이야기를 해보자고 하는 쪽이다. 나는 다 때려치우고 도망가자고 하는 쪽이다.

「레오나르도 다빈치도 완성한 작품보다 미완성인 작품이 더 많대. 첫 아틀리에를 오픈하고 5년 동안 한 작품도 완

---

* 승화: 정확하게는 TTS(Text to Speech)를 통해 텍스트를 사람의 목소리로 변환하여 듣는다. 경험상 목소리로 들으면 어색한 문장을 더 잘 찾아낼 수 있고, 더 실제 같은 대화를 만드는 데 도움이 된다.

성하지 못했대. 작품 의뢰를 받았지만 완성하지 못한 채 다른 도시로 도망갔고, 그곳에서 다시 작품 의뢰를 받아 또 완성하지 못하고 다른 도시로 도망갔대. 생각해 봐, 레오나르도 다빈치도 마감을 못 지키는데 우리가 마감을 꼭 지켜야 할까?」

하루는 잠에서 깼는데, 승화가 옆에 없었다. 창밖에는 동이 트고 있었고, 거실에서 한숨 소리와 함께 타자 소리가 들려왔다. 조금만 더 쓰고 자겠다더니, 결국 밤을 새워 버렸나. 이 시간까지 붙들고 있어도 안 풀리면 오늘은 허탕이라며 인제 그만 들어가서 자야 하는 걸 알면서도, 차마 자리를 뜰 수 없어 좀비처럼 쓰고 있나. 써지지 않는 이야기를 붙잡고 늦은 밤까지 괴로워하는 승화가 가엾고 불쌍했다.

나는 불현듯, 며칠 동안 제대로 자지 못한 승화가 과로사해 버릴까 봐 갑자기 무서워져서 졸린 눈을 비비며 승화 옆을 지켰다.

아무리 말하는 해골이 되어 이야기를 들어 주고 재밌는지 아닌지 심사해 줘도, 결국 글을 쓰는 건 스스로 해내야 한다. 아무도 대신해 줄 수 없는 각자의 몫이 있다. 글을 쓰기 위한 노력이 반드시 결과로 이어지지는 않는다. 바로 이

때 동종 업계 연인의 가장 중요한 임무를 수행해야 한다.

바로 네 이야기가 얼마나 재미있고 의미 있는지 세뇌에 가까울 정도로 들려주는 것이다. 매번 다른 장점들을 낱낱이 짚어 가며, 이렇게 당연한 걸 얘기해야겠냐는 투로 콧방귀를 뀌어 가면서, 혹시 당신은 천재가 아닐까 호들갑을 떨어 가면서. 스스로 믿고 있어도 굳이 내가 아닌 다른 사람의 입으로 듣고 싶은 말이 있는 법이다. 그렇게 우리는 함께 막막한 시간을 말하는 해골과 뽀뽀피칭으로 통과해 왔다.

영화제라는 로망

나는 영화감독인 게 정말 좋다. 특히 지역 영화제에 교통비와 숙박비를 받고 초청되었을 때 그렇다. 수도권에서 나고 자란 나는 영화제 덕에 처음 가본 곳이 많다. 한국에서 가장 유명한 영화제는 전주국제영화제와 부산국제영화제이지만, 사실 전국 방방곡곡에는 작은 영화제들이 참 많다. 영화제를 핑계로 기차와 비행기를 타고, 사전에 검색해 둔 영화관 주변 맛집과 카페에 가면, 〈남순아, 성공했군!〉이란 생각에 짜릿해진다.

많은 이가 봄을 여는 영화제로 전주국제영화제를 떠올리겠지만, 그 이전에 인디다큐페스티발이 있었다. 전주국제영화제의 날씨가 따뜻한 봄이라면, 인디다큐페스티발은 봄이 왔다고는 하지만 아직 꽃샘추위가 가시지 않은 3월에 열렸다. 인디다큐페스티발에서 상영된 작품들도 쌀쌀한 날씨처럼 정신이 번쩍 드는 작품이 많았다. 〈실험, 진보, 대화〉의 슬로건에 걸맞게 주류 미디어가 주목하지 않는 장소와 소외된 이들이 카메라에 담겨, 우리가 이곳에서 이렇게 살아가고 있노라고 바락바락 외치는 것 같았다. 2001년부터 시작된 인디다큐페스티발은 2020년, 이후를 전망하는 긴 시간을 갖기로 하며 영화제 개최를 잠정 중단했다. 몇 년 뒤, 인디다큐페스티발을 이어 가고 싶었던 이들이 〈국내 유일 비경쟁 중·단편 다큐멘터리 영화제〉라는 수식어를 달고 반짝다큐페스티발을 열었다. 후년을 장담할 수 없으니, 이번에 반짝 집중해서 즐겨 보자는 의미로 지어진 반짝다큐페스티발은 대단하게도 지금까지 서울 홍대에 있는 독립영화전용관 인디스페이스에서 매년 봄을 날카롭게 알리며 이어 가고 있다.

뜨거운 여름에는 부천국제판타스틱영화제와 대구단편영화제가 있다. 대구단편영화제는 〈오오극장〉에서 열린다. 서울을 제외한 지역에서 최초로 설립된 독립영화전용관인 오오극장은 극장 이름처럼 좌석 수가 55개다. 아프리카만큼 덥다고 해서 〈대프리카(대구+아프리카)〉라는 별명을 가진 대구의 여름, 대구 중앙로역에서 내려 아지랑이가 피어오르는 아스팔트 위를 비척비척 걷다가 시원하고 쾌적한 오오극장으로 쏙 들어와서 숨을 돌리면 혼자서 다른 세계에 들어온 것만 같다. 오오극장 마스코트 고양이 〈오우삼〉도 만날 수 있다.*

대구단편영화제가 뜨거운 여름을 떠올리게 한다면, 정동진독립영화제는 시원한 바다를 떠올리게 한다. 강원도 강릉시 정동 초등학교 운동장에서 해가 지면 열리는 정동진독립영화제에서는 어린이부터 노인까지 다양한 연령대의 관객이 삼삼오오 돗자리를 깔고서 수박을 먹으며 영화를 본다. 운동장 곳곳에서 모기를 쫓기 위해 쑥을 태우느라 연기가 피어오르는 모습이 인상적이다.** 어두운 극장에서 몰입해서 보는 영화도 좋지만, 이렇게 다 같이 누구네 집 안방에 널브러진 느낌으로 보는 영화도 즐겁다. 정동 초등학교 근처, 도보 10분 거리인 영화 서점 〈이스트씨네〉도 방문

* 스트리트 출신 〈오우삼〉은 창문 밖에서 울던 고양이였는데, 극장 직원분들이 사료를 챙겨 주자 극장 안에 들어와 먹기 시작했고 그때부터 오오극장에 머물게 되었다. 지금은 집고양이가 되었다고 한다.

** 영화제에서 태우는 쑥은 〈쑥불 원정대〉가 정동진 일대 곳곳에서 확보하는 것이라고 한다.

해야 한다. 세상에 이토록 다양한 영화 서적이 있다니, 서점 지기님의 아름다운 큐레이션에 탄복하며 어느새 품에는 새 책이 안겨 있을 것이다. 작품을 만들다 보면 마치 도장 깨기를 하듯 이번에는 어느 영화제에 꼭 가보고 싶다는 바람이 생기는데, 정동진독립영화제는 내 작품을 한 번도 상영해 주지 않았다. 이 자리를 빌려 섭섭하다.

이 중에서도 내가 가장 애정 하는 영화제는 서울독립영화제다. 서울독립영화제에서 첫 영화를 상영했고, 첫 수상을 했기 때문이다. 내가 영화를 하는 데에 누군가의 허락이 필요하지 않다는 걸 알면서도, 영화제에서 상영이나 수상을 하게 되면, 마치 그게 내가 영화를 계속해도 된다는 허락인 것처럼 받아들이게 되는 게, 그래서 다음 작업을 할 마음을 먹게 되는 게 재밌다. 서울독립영화제는 매년 11월 말에서 12월 초, 서울 압구정에서 열린다. 그래서 서울독립영화제 소식을 들으면 한 해가 끝나 간다는 게 실감 난다.

처음 연출한 단편 영화 「흔적」(2012)이 서울독립영화제에 선정되었을 때 일이다. 상영 소식이 담긴 메일을 받았는데, 나를 〈감독님〉이라고 불러 주셔서 기분이 간지러웠다. 이제 내가 감독이 된 걸까, 감격스럽기도 했다. 서울독립영화제는 영화제 공식 일정 전, 상영 감독들의 네트워킹을 도모하는 사전 감독 모임을 주최한다. 영화제에서 영화를 상영하는 것도, 사전 감독 모임이라는 것도 처음이었던 나는 몹시 들뜬 마음에 공지된 시간보다 30분 일찍 도착했는데, 너무 일찍 도착한 것이 모양 빠지는 것 같아 주변에서 어슬렁거리면서 시간을 때웠다. 이쯤이면 다른 사람들도 많이 왔겠지, 하는 생각으로 약속 시간보다 10분 정도 일찍 들어갔는데 내 예상과 달리 아무도 없었다. 나는 나 혼자서만 일찍 도착한 것이 내가 얼마나 설레고 들떴는지를 들킨 것 같아 창피했다.

너무 일찍 도착한 나를 영화제 관계자분께서 이리 와서 앉으라고 불러 주셨다. 나와 관계자분, 나처럼 너무 일찍 도착한 다른 감독님 셋이 커다란 술집의 한가운데 자리한 테이블에서 먼저 인사를 나눴다. 내가 보기엔 그 감독님도 나처럼 괜히 빨리 왔다고 생각하는 것 같았다. 그 감독님은 유명 배우와 이름이 똑같았는데, 영화제에 「힘내세요, 병헌 씨」(2012)를 상영하게 되었다고 했다. 도대체 얼마나 힘들길래 자기 이름으로 힘내라는 영화까지 만들었나, 안쓰러운 마음이 들었다. 이병헌 감독님은 그 후 「스물」(2015), 「극한직업」(2019) 등을 찍으면서 정말 힘을 내시게 됐을 것 같다.

서울독립영화제에서의 첫 GV가* 기억난다. 상영이 끝나면 모더레이터가 감독과 배우들을 스크린 앞으로 부른다. 첫 상영 때는 관객들이 다 쳐다보는데 앞에 서 있으려니까 너무 떨려서 객석으로 다시 들어가고 싶었다. 다른 작품에만 질문이 쏠리고, 내 작품에는 질문이 하나도 나오지 않으니까 같이 온 친구가 일행이 아닌 척하고 나한테 질문해줬다. 그런데 전혀 생각해 본 적 없는 질문이어서 모르겠다고 했더니, GV가 끝나고 다시 만난 친구가 나를 타박했다.

「모르겠다고 하면 어떡해, 아무렇게나 지어내서라도 잘 대답해야지!」

맞는 말이었다. 그다음부터 나는 GV를 정말 잘했다. 내가 찍은 영화보다도 잘했다. 거짓말로 지어내서라도 최선을 다해 잘 대답했다.

창작자는 말이 아니라 작품으로 얘기해야 한다고 하지만 내 생각은 다르다. 나는 GV까지 영화의 완성이라고 생각하며, 마지막 포장(이라고 쓰고 수습이라 부른다)에 온 힘을 다한다. 의도는 했으나 영화에 담기지 못한 것, 다 만들

* GV는 Guset Visit의 줄임말로, 영화 상영 후 감독과 배우 등 영화 관계자들이 관객과 대화를 나누는 것을 말한다.

고 나서야 뭘 하고 싶었는지 알게 된 것까지 최대한 잘 다듬어서 관객들에게 전달하려 한다. 감독과 배우와 달리, 상대적으로 주목받지 못하는 스태프들의 노고도 언급해야 함은 물론이다.

좋은 영화제도 많지만, 묘한 영화제도 많았다. 어느 영화제에서는 영화제인데도 화면 비율이 맞지 않게 틀어 줬다. 함께 튼 영화에 등장하는 승용차가 리무진처럼 길게 늘어난 걸 보고 확신했다.

또 다른 영화제에서는 수상하러 오라고 해서 갔는데, 시상식에서 걸 그룹 브레이브 걸스의 축하 공연이 있다고 했다. 시에서 하는 영화제이긴 했지만, 작은 영화제인데 브레이브 걸스가 왔다는 소식에 객석이 웅성거렸다. 저 작은 무대에서 브레이브 걸스가 공연을 한다고? 불이 꺼지자, 어쩐지 긴장감까지 흘렀다. 그리고 영화제 측에서는 브레이브 걸스의 뮤직비디오를 틀어 줬다. 지역 원로들과 영화계 원로들 사이에서 뮤직비디오를 보는데, 이 상황이 현실 같지 않고 누군가의 꿈에 들어온 것 같았다.

한번은 어느 지역의 작은 영화제에서 수상하게 됐다며 그 영화제의 사무국장으로부터 연락이 왔다. 치사하게도,

시상식 참석 여부에 따라 수상 여부가 달라진다고 했다. 일이 있어 참석이 어렵고 죄송한 마음을 표현했더니, 중년의 남성 사무국장은 선심 쓰듯 그래도 상은 주겠다고 했다. 그러면서 내 주소를 보니 서울에 사는 것 같은데, 영화제가 끝나고 한번 보자고 했다. 자신도 영화감독이니 영화에 대해 가르쳐 주겠다는 것이었다. 결국 배급사 대표님이 우리 감독이랑 무슨 얘기를 하려고 그러시냐고 하자, 사무국장은 말을 얼버무리며 더 이상 연락하지 않았다.

10대 때, 영화를 하고 싶다고 했을 때 아빠랑 부산국제영화제에 갔다. 뭐가 뭔지도 모르고 예매할 수 있는 영화들을 욕심껏 예매했다. 부산까지 가는 거니까 하루에 네 편씩은 봐야 뽕을 뽑을 것 같았다. 극장마다 거리가 얼마나 되는지도 모르고 시간표를 빡빡하게 짜놔서, 다음 영화를 보려면 엔딩 크레디트가 끝나자마자 극장에서 나와서 달려야 했다. 나처럼 급하게 달리는 외국인들이 보였다. 그들도 남포동과 해운대가 얼마나 먼지 몰랐겠지. 당장 달려가야 하는데 아빠가 말했다.

「순아야, 아빠 여기 맥도날드에 있을게, 너 혼자 보고 와.」

아빠 것까지 표를 예매해 뒀기에 황당했지만 일단 알았

다며 외국인들과 함께 달렸다. 영화는 재미가 없었지만, 나는 억지로 졸음을 참으며 다 봤다(참고로 나는 어지간해서는 극장에서 자지 않는다(내가 보다가 잔 영화는 구스 반 산트 감독의 1986년작 「말라 노체」밖에 없다). 영화가 끝나고 맥도날드로 갔더니 아빠가 커피 한 잔을 마시며 여유롭게 책을 읽고 있었다. 아빠한테 왜 같이 안 갔냐고 했더니, 그렇게까지 해서 영화를 봐야 하는지 모르겠다고 했다. 영화의 내용은 하나도 기억나지 않고, 아빠가 맥도날드에 있겠다고 했을 때의 황당함과 함께 뛰던 외국인들만 기억난다. 그들은 늦지 않게 들어갔을까? 1분이라도 늦으면 입장을 안 시켜 줬는데.* 영화를 하루에 네 편씩 보느라 허리와 엉덩이가 아프던 시간, 불이 꺼지면 나오는 영화제 트레일러들, 영화 시작 전 바스락거리며 사탕을 까먹던 옆자리 아주머니께서 나에게도 쥐어 주셨던 사탕 따위가 떠오른다. 이제는 체력이 달려 영화제에 가도 하루 두 편 보면 많이 본다. 아니다. 영화제에 가는 것만 해도 대단한 것이다.

내가 강사로 수업했던 충무로영상센터 오!재미동의 영화 제작 수업 〈언더그라운드 플러스〉를 들었던 이민화 감독님

---

* 부산국제영화제는 2010년 제15회부터 정시 입장을 완화했다.

이「백차와 우롱차」(2023)로 서울독립영화제에서 첫 상영하게 된 것을 축하하기 위해 수강생분들과 함께 만났다. 영화 상영 전, 이민화 감독님과 다른 수강생분들이 소중하게 작품 정보가 담긴 프로그램 북을 보시는 걸 보고 처음 서울독립영화제에서 내 작품을 상영했던 기억이 떠올랐다. 나도 처음 내 작품 정보가 담긴 프로그램 북을 받았을 때 정말 신기하고 소중했는데. 나는 이제 내 작품 소개가 담긴 부분만 찢어서 보관하는데. 어쩌면 책장 정리하면서 버렸을지도 모르는데. 처음엔 귀하고 자랑스러웠던 감독 아이디 카드도 책꽂이에 대충 걸려 먼지만 쌓여 간다.

첫 영화제와 삼천포

처음으로 영화제라는 곳에 가본 건 스무 살 때였다. 당시에 왜 거기에 갔었는지는 전혀 기억에 없지만, 확실히 기억나는 것 하나는 함께 갔던 대학 동기가 갑자기 〈나는 서양 영화는 안 봐〉라고 선언하는 바람에, 대충 시간이 맞는 일본 영화 한 편을 함께 보았다. 그 일본 영화는 국가에서 중학생들을 납치하여 웬 무인도에 몰아넣고 서로 죽고 죽이게끔 하는, 참 괴상한 내용의 영화였는데, 이후 어느 날엔가 개봉 영화를 소개하는 TV 프로그램에 떡하니 나와서 깜짝 놀랐다. 「배틀로얄」(2000)이었다.

하여튼 그 영화제는 부천국제판타스틱영화제였다. 호러, 판타지, SF 등 장르 영화를 주로 다루는 본격 장르 영화제를 표방하며 문을 열었던, 당시로선 젊고 기발한 기획이 많은 영화제였다.

영화제 기간엔 심장을 내려앉게 할 만한 무섭고 잔인한 영화들만 모아 밤샘 상영을 하기도 했는데, 상영하는 극장 밖에 진짜 구급차를 대기시켜 놓았기 때문에, 〈이 사람들 진심이잖아〉 싶어 어쩐지 더 무섭게 느껴지기도 했다. 장르 영화제답게 소위 B급 영화라 불리는 이상한 영화들도 많이 상영했었는데, 지금 문득 기억나는 영화 하나는 호숫가에 있는 외진 별장에 놀러 간 미국 대학생들이 좀비로 변한 비버(강에 사는 그 귀여운 동물이 맞다)들에게 무차별 공격을 받는 내용의 「좀비버」(2014)라는 영화다.

공교롭게도 내 연출작을 처음 상영한 영화제도 바로 부천 국제판타스틱영화제였다. 앞서 소개한 바 있는 음악 다큐멘터리 「반드시 크게 들을 것」이 초청작으로 상영된 것이었는데, 관객으로 이 영화제를 찾은 지 8년 만이었다.

첫 영화제 상영의 설렘과 긴장에 대해서는 이루 말할 수 없다. 골방에서 혼자 끙끙대며 편집한 영화가 커다란 극장 스크린에 상영되기 시작하자, 나는 집에 가스불이라도 켜놓고 나온 사람처럼 쉼 없이 엉덩이를 들썩이며 안절부절 못했다. 관객들이 웃거나 재밌어할 때마다 조금씩 마음이 놓였고, 고개를 돌려 스크린에 집중해 있는 관객들의 얼굴을 몰래 훔쳐보기도 했다. 다신 오지 않을 첫 상영의 한 시간 반은 훌쩍 지나갔다.

작은 걱정도 하나 있었다. 영화제가 부모님이 살고 계신 본가 바로 인근에서 열린다는 것이었다. 부모님으로서는 아들놈이 서울에서 자취까지 하면서 영화네 음악이네 하는 것이 도통 궁금했는데, 영화를 찍어서 영화제에서 상영까지 한다니 기꺼이 와서 보고 싶어 하실 만했다. 작은 걱정이란, 이 다큐멘터리가 부모님이 보시기에 그리 교훈적인 작품은 아니었다는 점이다. 그도 그럴 것이, 홍대 앞 록 밴드들이 공연하고 술 먹고, 담배 피우고, 음담패설이나 하는 다큐멘터리가 교훈적일 리는 없었다.

영화가 끝나고 부모님을 만났다. 부모님은 늘 그렇듯 별다른 말을 하지는 않으셨다. 〈잘 봤다〉, 〈고생했다〉 정도였다. 그런데 부모님 곁에 누군가 계셨다. 익숙한 얼굴들이었다. 고모네 식구들, 작은아버지네 식구들, 명절도 아닌데 온 식구가 모였다. 모여서, 나와 나의 로커 친구들이 〈사람을 칠 순 없어서 드럼을 치게 되었다〉라거나, 〈여자 꼬시려고 밴드를 시작했다〉 하는 시시껄렁하고 부적절한 이야기를 떠드는 모습을 커다란 스크린으로 관람하신 것이었다. 고모네와 작은아버지네 식구들 또한 별다른 말씀을 하진 않았다. 〈잘 봤다〉, 〈고생했다〉. 피는 못 속인다더니.

영화제 마지막 날에 관객과의 대화를 마치고 집으로 돌아가려는데, 갑자기 영화제 측에서 연락이 왔다. 폐막식에 참석해 달라는 거였다. 폐막식장 입구엔 TV에서나 보던 레드 카펫이 깔려 있었다. 멋지게 차려입은 배우와 감독 들이 카메라를 든 취재진에게 여유 있게 손을 흔들며 레드 카펫을 걷고 있었다. 우리도 걸으라길래 걸었다. 말했다시피 나를 비롯한 우리 다큐멘터리 출연진들은 모두 록 밴드였다. 장발의 시커먼 애들이 스키니 진과 컨버스 차림으로 껄렁거리면서 레드 카펫을 걸었다. 잘 차려진 레스토랑 테이블에 쏟아진 캔맥주들 같아서 좋았다.

　수상도 했다. 후지필름이터나상이라는 이름의 상이었다. 작품이 호명되는 순간, 누가 로커들 아니랄까 봐 하도 소리를 질러 대서 나름 엄숙했던 폐막식장 안의 모든 사람이 수상하게 쳐다보았던 기억이 있다. 얼떨떨한 기분으로 무대에 올랐다. 소감을 말하라길래 마지막 한마디로 무조건 〈로큰롤!〉 하고 외쳐야겠다고 생각했지만, 막상 마지막 한마디를 할 때가 되니 영 쑥스러워져서 〈로큰롤……〉 하고 중얼거렸다가 나중에 로커 친구들에게 비웃음을 당했다.

상금은 없었지만, 부상으로 후지필름 1,800자(尺)를 받았다. 당시만 해도 필름으로 영화를 찍는 사람들이 간혹 있었기 때문에 충분히 의미 있는 부상이었지만, 내가 필름을 받았다고 하자, 그 자리에 있던 밴드 〈갤럭시 익스프레스〉의 주현 형이 웃으며 말했다.

「거지한테 숟가락만 주면 뭐 해?」

그랬다. 난 당장 월세 낼 돈도 없던 거지였고, 필름 촬영은 그림의 떡이었으니 적절한 표현이었다. 그리고 결국 필름을 팔아 밀린 월세를 냈으니, 숟가락을 팔아 밥은 먹은 셈이었다.

첫 영화제에 대한 기억을 늘어놓았지만, 영화제는 언제나 특별한 경험이다. 관객으로서는 아직 공개되지 않은 미지의 영화를 만난다는 두근거림이 그렇고, 영화를 사랑하는 사람들과 어두컴컴한 극장에 모여 앉아 스크린 안의 낯설고 신비한 세계를 함께 체험한다는 점이 그렇다. 감독으로서도 마찬가지다. 나는 이후로도 다양한 영화제에서 다양한 영화를 상영했지만, 불 꺼진 영화관에서 내 영화가 시작되는 그 순간의 긴장과 흥분은 조금도 바뀌지 않았다. 늘 손에 땀이 흥건하다. 영화제의 꽃이라고도 할 수 있는 독립 영화, 단편 영화를 만드는 창작자에게 영화제는 또한 격려의 장이기도 하다. 어떤 분야든 자신을 향한 끝없는 불신을 겪는 창작자들에게는 유효한 격려가 반드시 필요하니까.

그런데 새삼 이런 생각이 들었다. 〈영화제에서 상영되지 못하는 그 수많은 영화는 어디 있을까?〉

한 해의 마지막에 열리는 영화제인 서울독립영화제의 2025년 출품작 수가 1,805편이라고 한다. 출품되지 않은 작품까지 생각해 본다면 어마어마한 숫자다. 그중 영화제에서 상영되는 작품은 100편 내외일 것이다.

언젠가부터 유명 영화제들에서의 상영 여부가 영화의 급을 나누는 기준처럼 여겨진다고 느꼈다. 단편 영화의 만듦새나 퀄리티는 눈에 띄게 좋아졌지만, 이를 상업 영화에 진출하기 위한 발판 정도로 여기는 풍토도 생겨났다. 영화제가 일종의 비공식적 경쟁터처럼 느껴졌다.

10여 년 전엔가 〈장롱영화제〉라는 영화제가 열렸더랬다. 장롱면허처럼 감독들의 외장 하드 속에 잠들어 있는 미

상영작들을 모아 상영하는 소규모 영화제였다. 여러 사람의 수고로 만들어진 영화가 영화제의 선택을 받지 못했다는 이유로 외장 하드 속에만 잠들어 있어야만 한다는 것은 어쩐지 이상했다. 비슷한 생각을 했던 사람들이 시작했던 영화제였겠지만, 몇 해 진행되지 못하고 사라졌다.

영화제의 기능과 역할은 물론 중요하지만, 수많은 독립 영화와 단편 영화가 관객을 만날 수 있는 방법이 오로지 영화제밖에 없다는 것은 역시나 이상하다고 생각한다. 홍대 앞 라이브 클럽에서는 매주 목, 금, 토, 일요일에 인디 밴드 서너 팀이 모여 공연을 한다. 관객이 많을 때도 있지만 열 손가락으로 셀 수 있을 때도 있다. 미숙하지만 자신들의 색깔을 가진 밴드들이 일상적으로 관객을 만날 수 있는 것이다. 그러다 입소문이 나거나 주목받으면, 페스티벌과 같은 더 큰 무대에 서게 되기도 하고.

영화도 그럴 순 없을까? 영화제나 개봉영화가 아니더라도 감독이 매주 자신의 단편 영화를 가지고 공연하듯 관객들을 만날 수 있는 공간이 있다면 어떨까? 그럼, 영화제에 상영되지 못한 수많은 영화도 갈 곳을 찾을 수 있진 않을까? 일상적으로 영화를 만들고 관객을 만날 수 있다면 무언가 조금 바뀔 수 있진 않을까?

......

스무 살 때 영화제에 처음 가서 「배틀로얄」을 봤던 이야기로 시작했다가, 왜 이런 이야기까지 하고 있는 건지는 모르겠다.

삼천포로 빠졌다는 말을 이럴 때 쓴다.

취미는 다큐

영화를 하겠다고 했지만, 촬영 현장 일이 잘 맞지 않았다. 나는 소위 말하는 〈일머리〉 없는 인간이었고, 눈치도 잘 보지 못했다(지금도 잘 마찬가지다). 한동안 참여했던 촬영 현장마다 가장 어렸던 나는 일을 잘 못해 혼이 많이 났다. 안 그래도 대안학교 나와서 위계가 낯선데, 화를 내고 언성을 높이는 사람 앞에서는 무서워서 온몸이 굳어 버렸다. 그래서 나는 이 일에 잘 맞지 않는 사람이라고 생각했다.

　영화를 안 하면 뭘 해야 하지? 다시 수능을 봐야 하나? 아니지, 검정고시부터 봐야 하잖아? 뭘 해서 먹고살지? 나 자신의 쓸모와 능력을 저울질해 가며 이리저리 튀어 나가던 생각은 어느 질문 앞에 멈춰 섰다. 잠깐, 나는 초밥을 좋아하는데 돈을 못 버는 나도 초밥 먹을 자격이 있나?

내 질문을 들은 경원 오빠는 나를 강남구 논현동 최저임금
위원회 앞에서 열린 〈최저임금1만원위원회〉가 주최하는
농성장에 초대했다. 최저임금1만원위원회는 최저임금이
정해지는 6월 한 달 동안, 최저임금위원회에게 최저임금
을 1만 원까지 올리라고 요구했다(당시 최저임금은 시간
당 4,860원이었는데, 결국 최저임금이 1만 원까지 되는 데
는 12년이 걸렸다). 경원 오빠와 나, 그리고 그곳에서 만난
다른 친구는 최저임금 1만 원에 대한 다큐멘터리를 만들어
보기로 했다. 다큐멘터리를 만들기로 결심하고 DMZ다큐
멘터리영화제나 EIDF 같은 다큐멘터리 영화제들을 다니
며, 「그것이 알고싶다」나 「인간극장」처럼 엄숙하기만 한
줄 알았던 다큐멘터리 세계가 무궁무진하고 흥미롭기도 하
다는 걸 그때 처음 알게 되었다.

　그러나 각자의 일로 바쁜 나머지 작업은 흐지부지됐고,
나는 여전히 〈최저임금이 1만 원이 되어도, 영화 한답시고
돈을 못 버는 나도 초밥을 먹어도 되는 건가?〉라는 질문을
해결하지 못했다. 그래서 나는 혼자서라도 다큐멘터리를
찍어 보기로 했다. 〈초밥 먹을 자격〉은 자퇴 후 내 인생을

가장 지배하는 질문이었고, 이 질문의 끝을 보지 않으면 다음 스텝으로 나갈 수 없을 것만 같았다.

다행히 운 좋게도, 다음 해 나는 인디다큐페스티발 봄 프로젝트에서 제작 지원과 멘토링을 받게 됐다.

「남순아 감독은…… 논문을 쓰려고 하나요?」

멘토였던 주현숙 감독님이 온갖 경제 지표 숫자가 적힌 내 구성안을 보고 한 말이다. 그때까지도 나는 〈다큐멘터리 = 그것이 알고싶다〉에서 벗어나지 못하고 있었다. 더불어 영화를 계속할지 말지 기로에 섰던 때여서 사람들이 보기에 대단한 걸작을 만들어 내고 싶어 어려운 말들을 마구 가져다 썼다. 마치 그러면 내 작품이 훌륭해질 것처럼.

주현숙 감독님의 제안에 따라, 나는 카페베네와 당구장 알바를 하는 과정을 다큐멘터리에 담았다. 동시에 직장을 다니거나, 알바를 하거나, 알바를 하지 않는 친구들을 만나 삼각김밥과 초밥 중, 인간다운 삶은 무엇인지 이야기를 나눴다.

어느 정도 촬영을 완료한 후, 후반 작업 단계에 도래했다. 구슬이 서 말이어도 꿰어야 보배라는데, 원석과 같은 촬영 소스들을 어떻게 편집해야 할지 몰라 막막했다. 어쩔 줄 모르는 내게 승화가 〈이렇게 하면 재밌겠다〉라면서 내가 알바를 구하는 장면들을 소년 만화 OST 위에 편집해서 보여 줬다. 승화가 만든 편집본은 요즘의 유튜브처럼 웃겨서 나는 조금 걱정스러웠다.

「너무 장난 같지 않아? 다큐멘터리가 이래도 될까?」

승화가 전혀 모르겠다는 얼굴로 물었다.

「왜? 순아는 재미없어?」

당연히 나도 재밌었다. 그제야 나는 내 다큐멘터리가 엄숙하거나 대단해야만 한다는 생각을 내려놓기로 했다. 왜냐하면 내가 찍어 온 건 하나도 엄숙하거나 대단하지 않았고, 대신에 너무 웃겼기 때문이다.

아무리 〈나 노래 못하는데? 그림 못 그리는데?〉라고 해도 승화는 자신의 아마추어 정신에 따라 괜찮다며 계속 나를 부추겼다. 나는 〈내가 알던 다큐멘터리는 이게 아닌데……〉 하면서도 승화를 따라 신이 나서 노래도 만들어 넣고, 그림도 그려 넣고, 게임이나 홈 쇼핑처럼 이것저것 패러디도 해댔다. 촬영하며 〈노동대탐험〉이었던 제목을 〈아빠가 죽으면 나는 어떡하지?〉로 바꾸기도 했는데, 이전 제목으로 찍었던 촬영 분량이 있어서 내가 걱정하자, 승화는 그럼 영화도 도중에 제목을 바꾸면 된다고 했다(그래서 영화

중간에 제목이 바뀌는 장면이 있다).

　엄숙주의와 걸작주의(?)를 넘어서니 작업이 하나도 어렵지 않고, 아이디어가 샘솟았다. 오직, 〈어떻게 하면 관객을 웃길 수 있을까〉란 생각뿐이었다!

　「아빠가 죽으면 나는 어떡하지?」(2015) 상영 때마다 객석에서는 관객들의 웃음이 빵! 빵! 터졌다. 나는 그 소리를 흐뭇하게 듣다가, 내 영화이지만 내가 봐도 웃겨서 관객들과 같이 웃었다. 진지해야만 좋은 작품이 될 수 있다고 생각했는데, 다큐멘터리도 우리의 삶처럼 아주 유쾌하고 유머러스할 수 있다는 걸 이 작업에서 배웠다.

　일찍부터 영화감독이 되고 싶어 했지만, 나는 내가 다큐멘터리를 찍게 될 거라고는 한 번도 생각해 본 적 없었다. 나는 다큐멘터리가 객관적 사실과 사회적 이슈를 다루므로 엄숙해야 한다고 생각했다. 그러나 이제는 다큐멘터리도 결국 누군가에게 선택된 장면과 순간 들이 담기기에 객관적일 수 없다는 걸 안다. 또한 사회적 이슈뿐만 아니라 개인의 이야기를 다루는 작품도 많다. 오히려 개인의 사적인 이야기를 통해, 그가 속한 사회를 그려 내고, 질문을 던지기도 한다.

　아마 내가 「그것이 알고싶다」나 「인간극장」을 떠올렸던 것처럼, 여전히 많은 사람이 다큐멘터리라고 하면, 무겁고 진지한 분위기를 떠올릴 것 같다. 어쩌면 다큐멘터리는 오해받아 억울할지도 모르겠다. 다큐멘터리 자신은 한 번도 엄숙하려고 한 적 없었을 테니까. 물론 무겁고 진지하고 엄숙한 다큐멘터리도 있지만, 그건 우리의 삶에 무겁고 진지하고 엄숙한 순간이 존재하기 때문이다.

얼마 전, 「아빠가 죽으면 나는 어떡하지?」를 정말 오랜만에 상영할 기회가 있었다. 홍보 차 SNS에 10년 전에 만들어진 영화의 예고편을 올리면서, 다큐멘터리를 찍는다는 것은 이 시절의 나와 내 가족과 친구들을 오려 낸다는 것이구나,* 라는 생각이 들었다. 많은 다큐멘터리가 한 편의 에세이처럼 우리 삶의 다양한 이야기를 오려 내 들려주고 있다. 나는 더 많은 사람이 자신의 이야기를 들려주기를 바란다.

누군가 극영화랑 다큐멘터리 중에 무얼 더 하고 싶냐고 물으면, 나는 다큐멘터리는 취미라고 말한다. 아무리 해도 극영화는 잘하고 싶은 마음을 내려놓기 어렵기 때문이다.

* 구로사와 기요시, 〈영화를 만든다는 건 오려 내는 겁니다. 눈앞에 있는 것을 네모난 프레임으로 오려 내는 거죠. 이게 영화 제작입니다〉. 『구로사와 기요시, 21세기의 영화를 말한다』 중에서.

대신 다큐멘터리는 잘해야 한다는 부담 없이, 오직 〈웃기고 싶다〉는 생각만 가득할 뿐이다.

나의 다음 영화는

⟨영화는 언제 찍어요?⟩ 최근 출간한 소설의 소개 글 맨 앞
에도 ⟨영화감독이 쓴 소설⟩이라는 표현이 붙었다. 스스로
영화감독보다는 이야기를 만드는 사람이라고 먼저 생각하
는 편이지만, 적어도 지금의 나를 수식하는 가장 앞선 단어
는 영화감독인 것 같다. 이쯤 되니 사람들이 영화는 언제 찍
느냐고 자꾸 묻는 것이다.

　그게 마음처럼 되는 건 아니다. 나도 잘 모르겠다. 몇 년
전까지만 해도 상업 영화와 관련된 제의가 있어 나름대로
몇 번의 시도를 했었지만 잘되지 않았다. 코로나19로 인한
전 세계적인 감염병 시기였으므로 어쩔 수 없었다며 어물
쩍 넘어가곤 했지만 사실 내 의지가 부족했을 뿐 핑계에 가

까웠다. 코로나19가 물러났더니 이젠 영화계가 폭삭 주저앉았다. 투자도 제작도 되지 않고 극장과 영화라는 매체가 이제 뒷방 늙은이처럼 물러나게 될 것이라는 이야기도 심심찮게 들려온다. 나보고 언제부터 투자받아서 영화를 만들었냐고, 이러한 업황에도 꿋꿋이 자신만의 영화를 만들어 나가는 본받을만한 영화 창작자들을 예시로 들어 묻는다면 할 말은 없지만, 예전만큼 기운이 나지 않는 것이 솔직한 심정이다.

이러한 중에, 나의 다음 영화는 무엇이 될까 떠올려 봤다.

연출작인 「걷기왕」과 「오목소녀」는 각기 경보와 오목이라는 소재를 다루고 있다. 의도했던 것은 아니지만 이렇다 보니 누군가는 나에게 〈생활 체육 전문 감독〉이라는 우스갯소리를 하기도 했다. 나는 그걸 받아, 이왕 이렇게 된 거 생활 체육을 소재로 한 편을 더 만들어서, 「반지의 제왕」(2001)처럼 3부작으로 하면 어떨까 하는 생각을 농담 삼아 떠들고 다녔었다.

어느 날 신호를 기다리던 버스 안에서 차창 밖을 멀뚱히 보고 있었는데, 테니스 코트 크기의 경기장 안에서 어르신들이 옹기종기 모여 운동하는 것이 보였다. 들어 본 적 있었다. 시니어 스포츠의 대명사로 불리는 〈게이트볼〉이었다. 골프채 정도 되어 보이는 스틱을 든 노인들이 온 신경을 집중해 볼을 치고 있었는데, 그것이 어쩐지 낯설게 느껴져, 스치듯 본 광경이었지만 인상에 남았다.

나는 언젠가 본 적 있는 다큐멘터리 한 편을 떠올렸다. 80세 이상 노인만 참가가 가능한 세계 탁구 챔피언 대회에 출전하기 위해 전 세계 각국의 시니어 선수들이 훈련하고 경쟁하는 내용을 담은 「핑퐁」(2012)이라는 해외 다큐멘터리였다. 노인의 스포츠는 건강을 위한 취미 활동 정도로만 여겨지기 마련이지만, 이 다큐멘터리에서 보이는 노인 선수들의 넘치는 에너지와 생의 마지막일지 모를 챔피언 자리를 차지하고픈 경쟁심은 여느 젊은이 못지않아 놀란 적이 있었다.

한국을 배경으로 노인들의 스포츠를 다룬다면 게이트볼만 한 게 없다는 생각이 들었다. 집에 돌아와 게이트볼에 대해서 검색해 봤다. 게이트에 볼을 집어넣는 단순한 스포츠일 거로 예상했던 것과 달리, 꽤 복잡한 규칙을 가진 전략적 팀 스포츠였다. 게다가 한국의 게이트볼 경기장은 2,000개가 넘는데, 이는 모든 공공 체육 시설 중 가장 큰 규모이며, 두 번째인 전국 테니스장 숫자의 두 배가 넘는 규모였다. 게

다가 게이트볼에 진심인 노년층의 규모는 매년 늘어나니 그야말로 어마어마했다. 세상에! 내가 모르는 사이 이런 일이 벌어지고 있는 것이었다. 결정적으로 포천에서 열리는 〈오성과한음배 전국초청 게이트볼대회〉, 정읍의 〈동학농민혁명기념 전국초청 게이트볼대회〉라는 기막힌 대회 명칭이 실존한다는 것에 감탄하게 되면서, 난 생활 체육 3부작의 마지막 소재를 찾아 버렸다.

내가 노인들을 주인공으로 한 게이트볼 소재의 시나리오로 쓰고 있다고 말하면 많은 사람이 우려를 표하곤 했다. 나도 안다. 나도 누군가 나 같은 말을 했다면 똑같이 우려를 표했을 테니까.

게이트볼은 다섯 명이 한 팀이다. 그렇다는 건 경기를 한 번 하기 위해서는 최소 열 명의 노년 배우가 필요하다는 말이다. 이런 식으로 주인공 팀이 영화 내내 상대 팀 셋과 경기를 하면 곱하기 3 해서 최소 스무 명의 노년 배우가 필요한데, 절대 쉬운 일이 아니다.

또한, 게이트볼의 규칙에 대해서 아는가? 장담하건대 이 글을 읽는 사람이라면 99.9퍼센트의 확률로 모를 것이다. 그만큼 낯선 운동인 데다가, 앞서 잠깐 소개한 대로 전략적인 스포츠라 그 규칙이 절대 간단하지가 않다. 〈빨리 달리면 1등!〉 이러면 땡인 달리기 같은 게 아니라는 것이다. 누가 이기고 누구에게 유리한 상황인지는 알아야 할 것이 아닌가. 스포츠물이라는 것도 우려의 요소다. 일반 드라마보다는 훨씬 더 다양한 영화적 시도가 필요할 것이고 그렇다는 것은 시간이 더 필요하고, 이는 예산이 더 필요하다는 말과 동의어다.

무엇보다도 이 이야기의 가장 큰 우려는 노인이 주인공이라는 점이다. 멋지고 젊은 남녀가 주인공으로 나오는 온갖 장르의 영화들도 제작되기 어려운 판국에 할머니, 할아버지 수십 명이 나와서 게이트볼을 하는 영화?

「가능성은 거의 없다고 봐야죠.」

근래 만났던 모 영화 제작사 대표님은 이 이야기를 듣자마자 솔직한 의견을 주셨다. 그런데 그 의견을 듣자마자 나는 속으로 쾌재를 외쳤다.

〈오, 예! 그럼 이건 아무도 안 하겠구나.〉

오히려 나밖에 하지 않을 것 같은 청정한 영역의 소재라는 생각이 들어서였다. 이런 생각부터 드는 나 스스로가 이상하게 느껴졌지만, 아무튼 그랬다.

노인들이 나오기는 하지만 주인공을 젊은 코치로 설정해 이야기를 이끌어 가는 방식을 제안받기도 했다. 실제로 청소년이나 장애인 등 사회의 비주류인 인물들이 선수로 나오지만, 정작 극을 이끄는 주인공은 중년의 남성 코치를 쓰는 방식의 영화가 제법 많았었기에 나도 생각해 보지 않은 것은 아니었다. 하지만 그건 주객전도가 아닌가 하는 생각도 들었다.

또한 가장 큰 우려로 꼽은 〈노인의 이야기〉라는 점이야말로 내가 이 이야기를 만들어 보고 싶은 가장 큰 이유가 되기도 한다. 한국 사회는 이미 초고령 사회에 접어들었지만, 노인은 언제나 가장 비가시화된 이들이며, 콘텐츠 속에서는 돌봄과 보호라는 프레임 속에 갇혀 있다. 하지만 게이트볼 경기장에서 본 할머니와 할아버지 들은 단 한 번의 타격을 위해 온몸의 신경을 집중하고, 추위에도 아랑곳하지 않으며, 커다란 점수 차이에도 끝까지 포기하지 않고, 패배를 인정하고 싶지 않아 변명을 일삼고, 승리를 위해 고집을 피우기도 했다.

영화로 만들어지기 어려운 이야기라고 해서 그 이야기를 그만두고 싶지 않다. 어렵다는 것은 필요하다는 이야기가 되기도 하기 때문이다.

응원해 달라.

덧. 50세가 되는 해에 만들기로 스스로 예약해 둔 다큐멘터리도 하나 있다. 제목은 〈백승화들〉이다. 한창 페이스북이 인기일 때에 언젠가 내 이름을 검색해 보니, 다양한 연령대와 성별을 가진 백승화들이 나왔다. 돌 아기 백승화, 요가 선생님 백승화, 노조 위원장 백승화, 댄서 백승화, 배우 백승화, 아이 엄마 백승화…… 영화감독 백승화가 그들을 인터뷰하는 다큐멘터리다.

그저 그런 감독의 자부심은 무엇이어야 하는가

나의 엄마와 아빠는 인물이 좋기로 각자의 동네에서 유명했다. 소처럼 커다란 눈망울을 가진 엄마와 마찬가지로 소처럼 커다란 눈망울을 가진 아빠가 만났으니, 양가 어른들은 얼마나 눈이 크고 쌍꺼풀이 짙은 아이가 태어날까 기대했다. 그 기대를 보기 좋게 배신하고, 아빠 쪽 할머니의 홑꺼풀을 쏙 빼닮은 내가 태어났다. 어찌나 닮았는지, 단체 사진 속 여러 할머니 중에서 어느 할머니가 내 할머니인지 친구가 단번에 찾아냈을 정도이다. 아빠 쪽 할머니는 나를 볼 때마다 세상에 그보다 안타까운 것은 없다는 듯이 말하곤 했다. 〈너는 왜 하필 나를 닮아서는!〉

갓난아기 때 찍힌 내 사진을 들여다보면, 집안의 첫 손주라 모든 어른이 아기 남순아를 예뻐하는 게 보인다. 하지만 아기 남순아는 벌써 눈치채고 있었던 것 같다. 어른들이 예뻐하는 게 거짓은 아닐지라도, 뭔가 충분하지 않다는 것을. 그래서인가, 나는 언제나 내가 충분하지 못하다고 느꼈다. 한번은 상담 선생님이 내게 물었다. 만약 스스로 온전하다고 느끼려면 나에게 무엇이 더 필요하겠느냐고.

2023년 봄, 기분 좋은 설렘과 떨림, 기대가 뒤섞여 내 마음은 무척 들뜬 상태였다. 후반 작업을 마치고 이제 갓 완성된 영화 「탄생」이 앞으로 어떤 평가를 받고 어떤 관객을 만날지 궁금했다. 그러나 2023년 겨울, 「탄생」이 기대한 만큼 영화제에 가거나 수상하지 못하자 나는 매우 낙담했다.

그제야 나는 스스로 눈치채지 못할 정도로 조심스럽게, 내가 이 영화에 많은 기대를 했다는 것을 깨달았다. 어쩌면 내 기대보다도 더 큰 성과를 기대했건만, 현실은 기대에 전혀 미치지 못했다. 모든 게 실망스러웠다. 처음에는 내가 찍은 영화가 영화제에 선정된 것만으로 기뻐서 사전 감독 모임에 일찍 도착할 정도였지만, 언젠가부터는 그 정도로는 충분하지 않게 된 것이다. 이만큼은 누구나 해. 영화를 업으로 삼고 싶다면 이 정도로는 한참 모자라. 쉼 없는 자기 평

가와 질책에 나는 달궈진 프라이팬 위에 놓인 콩처럼 튀어
오르기 일보 직전이었다. 문득 싸한 생각이 나를 스쳤다.

어쩌면 나는 그저 그런 감독이 될지도 몰라.

〈나는 커서 내가 된 건가?〉를 깨달았을 때와 비슷한 싸함
이었다.

내가 20대 초반일 때, 아빠는 나에게 내가 어제보다 오늘
반드시 더 나아질 필요는 없다고 알려 줬다.

「기계도 아니고 사람이 어떻게 더 나아질 수만 있겠냐.
네가 지금 영화감독이 되겠다고 하지만, 너 살면서 좋은 영
화를 못 찍을 수도 있어. 그보다 중요한 건 사랑하는 사람들
과 함께하는 거야. 중요한 것과 중요하지 않은 걸 구분할 줄
알아야 해.」

그때는 아빠 말이 맞다고 생각했다. 왜냐하면 그때 나는
절대 진짜로 내가 좋은 영화를 못 찍을지도 모른다고 생각
하지 않았기 때문이다. 지금 아빠가 이런 말을 다시 한다
면, 나는 그런 부정 타는 말은 하지 말라고 으르렁댈지도 모
른다. 그래, 난 재능도 없고 센스도 후져! 그래도 하다 보면
무조건 나아질 거라고 생각했는데 지금 이게 나의 최선이
면 어쩌지? 사람들이 내가 만든 영화를 안 좋아하면 어떡

하지?

아무것도 되지 못할 거라는 두려움이 밤마다 나를 덮쳤다. 설마 나만 이렇게 막막한 건 아니라고 믿고 싶어서 친구에게 〈나만 이런 거 아니지?〉라고 얘기를 꺼내 봤는데, 친구는 아무런 대꾸를 하지 않았다. 친구가 아무 말도 하지 않았으나 나는 대번에 알아차렸다. 이 패배감은 전염이 너무 심해서 친구가 나와 거리를 두고 있다는 것을. 사실은 그도 막막함에 잡아먹힐까 봐 매일 간신히 버티고 있다는 것을. 20대 초반에는 우리의 불확실한 미래를 자조하며 낄낄거리는 게 가능했지만, 30대에는 불확실한 미래가 제법 현실에 가까워져서 정말 불길한 소리가 되어 버린 것이다. 친구가 보낸 무언의 경고를 이해한 나는 그 뒤부터는 친구들에게 너무 솔직한 두려움은 말하지 않기로 했다.

그러던 어느 날, 나는 SNS에서 〈어느 무명 축구 선수의 은퇴〉라는 제목으로 올라온 글을 읽었다. 그 글은 천안시티 FC 임민혁 선수가 SNS에 쓴 글이었다. 임민혁 선수는 〈세상에는 간절히 원해도 이루어지지 않는 것이 있다〉라며, 〈저의 축구 인생은 완벽하지도, 위대하지도, 아주 훌륭하지도 않았지만 정정당당하게 성실히 땀 흘려 노력하는 사람이 대접받는 멋진 세계에서 멋진 사람들과 함께 호흡하며, 내 삶에 자부심을 가지고 살아온 사실 하나만으로도 충분히 만족〉한다는 대단히 멋진 글이었다. 짧은 글이지만 임민혁 선수가 어떤 태도로 축구에 임했는지 가늠할 수 있었다. 이 멋진 글을 읽고 문득, 단어 하나에 꽂혔다.

자부심(自負心). 자기 자신 또는 자기와 관련된 것에 대하여 스스로 그 가치나 능력을 믿고 당당히 여기는 마음(출처: 표준국어대사전). 나는 덜컥 겁이 나기 시작했다. 나는 자부심이 하나도 없는데, 어떡하지?

남들은 무엇을 자부심으로 삼고 있을지 궁금해서 한동안 만나는 사람마다 물어보고 다녔다. 그들이 들려준 각양각색의 답보다 인상적이었던 것은 하나같이 〈생각해 본 적 없는데……〉라고 말꼬리를 흐리면서도, 이내 자신의 자부심을 발견해 내는 것이었다.

나만 자부심이 없었다. 아주 중요한 게 나한테 없다는 기분이 들었다. 이를테면 그림자처럼. 사람이 자부심이 하나도 없으면 안 될 것 같았다. 임민혁 선수의 은퇴 글에서 느껴지는 기분 좋은 상쾌함은 바로 그의 자부심에서 비롯된 것으로 보였다. 나처럼 자부심 없는 사람은 떠나는 길마저 찝찝할 것이었다.

지금 당장 자부심을 찾아야 한다는 조급한 마음이 들었다. 안 되겠다, 뭐라도 하나 정하자! 남순아 자부심 후보들 당장 여기로 집합해! 어디 한번 자기 매력을 어필해 봐! 내가 가진 몇몇 장점과 성취 들이 우물쭈물 기어 나왔다.

성취 A (장점 B를 쿡 찌르며) 네가 한번 해봐.
장점 B (머뭇거리며) 나는 좀…… 쟤는 어때?
성취 C (화들짝 놀라며) 내가?!

몇 개 되지 않는 장점과 성취 들이 서로 네가 먼저 하라며 미루더니 나에게 말했다.

「저기…… 저희 모두 나쁜 애들은 아닌데, 자부심이라고 하기엔 충분하지 않은 것 같은데요?」

어느 정도의 성취나 장점이어야 자부심으로 충분한 걸까? 유명 영화제에서 상영하거나 수상하게 되면? 관객 천만 명이 내 영화가 좋다고 해주면? 왓챠 평점이 4.5 이상 되면 자부심을 가질 수 있을까? (어쩌면?)

자부심을 찾지 못해 초조했던 나는 인스타그램에 도움을 요청하는 글을 올렸다. 내 장점을 알려 달라고. 구체적이고 길수록 좋다고. 그러자 친한 친구뿐만 아니라 내 장점을 알려 줄 거라고는 예상하지 못했던 사람들까지 박씨를 물어다 주는 제비처럼 DM으로 내 장점을 하나씩 알려 주고 갔다. DM 창에 한가득 쌓인 장점들을 하나하나 보면서, 나는 사람들이 써준 마음에 잠기는 듯한 기분이 들었다. 매우 감사한 마음으로, 사람들이 알려 준 내 장점들을 잊지 않고 기억하고 싶어서 하나도 빠뜨리지 않고 엑셀 표로 정리하여 잘 간직하고 있다.

그래서 나는 이러저러한 걸 내 자부심으로 삼기로 했다고 명쾌하게 말할 수 있다면 얼마나 좋을까. 하지만 나는 아직 나의 자부심을 찾지 못했다. 자부심은 남이 줄 수 있는 게 아니기 때문이다. 그렇기 때문에 아무도 빼앗을 수 없기도 하지만. 언젠가 나도 다른 사람에게 내 자부심에 대해 들려줄 수 있기를 바라면서 오늘도 질문해 본다. 그저 그런 감독의 자부심은 무엇이 되어야 하는가?

SC#1

인생 영화란 무엇인가?

순아　인생 영화란?

승화　무엇인가?

순아　최근에 청소년들이 나한테 선생님의 인생 영화는 뭐예요? 하고 물어봤어. 그래서 내가 그걸 왜 물어보냐고 물어봤거든. 그랬더니 나에 대해 더 알고 싶대. 하긴, 누군 가의 인생 영화를 알고 나면 그 사람이 어떤 사람인지 가늠 이 되는 것 같아.

승화　내가 수업 나갔던 곳에는 영화 좋아하는 청소년들 이 많다 보니까, 걔네의 인생 영화는 되게…….

순아　어려운 거야?

승화　약간 시네필들이라.

순아 설마, 타르코프스키 「희생」(1986) 같은 거?

승화 응. 타르코프스키뿐 아니라, 히치콕 영화나, 난 제목도 들어 본 적 없는 영화도 있었고. 「화양연화」(2000) 이런 걸 꼽기도 했는데, 「화양연화」는 제목 자체가 그때가 참 좋았지 같은 뜻이잖아.

순아 (검색해 보고) 꽃처럼 아름다운 시절이란 뜻이래.

승화 그러니까. 너의 빛나던 시절은 언제였니, 하는 느낌인데. 하지만 이런 영화들을 좋아하는 시네필이니까 이 수업을 듣겠지, 싶기도 했어.

순아 근데 나는 늘 궁금했는데, 인생 영화라는 게 모두에게 있는 거야? 이를테면 승화는 인생 음악이 있어?

승화 글쎄. 음악에 인생이란 말을 잘 붙이진 않는 것 같지만. 가장 좋아하는 음악? 영향을 준 음악?

순아 그게 뭔데? 〈너바나〉?

승화 응. (웃음) 「Smells like teen spirit」.

순아 그럼 인생 책은 뭔데?

승화 책? 책은 모르겠네. 『해와 달』? 만화책 빼고?

순아 인생 음식은? 그게 솔 푸드인가?

승화 솔 푸드? 글쎄, 뭐가 있나. 난 수제비. 근데 이렇게 다른 걸로 해보니까. 인생 영화라고 하는 것도 단순히 좋아하는 영화가 아니라 내 인생에서 중요한 인상을 남겼던 영화에 가까운 것 같아.

순아　근데 난 인생에서 어떤 인상을 남겼던 영화의 감독들이 다 문제가 있어서…… 좀 그래.

승화　우디 앨런?

순아　(우울하게) ……응. (이하 차마 더 담을 수 없어서, 잠시 숙연해진다.) 그런데 내가 〈인생 영화? 잘 모르겠는데〉 하면 애들 표정에서 〈한.심.해〉 하는 게 보인단 말이야. 그럼 난 엄청나게 당황해서 최근에 재밌게 본 영화 아무거나 말하게 돼.

승화　나도 타르코프스키 영화를 꼽는 학생들 앞에선 선생님이니까 겉으로는 그냥 끄덕끄덕한단 말이야. 근데 속으로는 식은땀 나고. 그래서 내 인생 영화로는 무난하게 「포레스트 검프」(1994) 같은 걸 얘기하고. 그런데 나한테 타르코프스키를 기대하는 것도 좀 이상하지. 「걷기왕」이랑 「오목소녀」 같은 영화 찍었는데, 인생 영화가 타르코프스키 영화라고 하면 좀 이상하잖아.

순아　(웃음)

승화　살면서 처음 재밌다고 느꼈던 영화가 인생 영화라면 「포레스트 검프」 같아. TV에서 엄청나게 해줬었거든.

순아　나는 친구들과 비디오로 빌려 봤던 성룡 영화들.

승화　그런데 영화관이라는 공간을 떠올려 보면 동시 상영 극장에서 「매트릭스」(1999) 봤던 게 생각나.

순아　동시 상영. 옛날 사람 같다.

승화　고등학교 근처에 무슨 서커스단처럼 천막 같은 걸로 만들어 놓은 극장이 있었거든. 안에 비둘기 날아다니고 그런. 거기서 최첨단 SF 영화 「매트릭스」를 봤었어. 되게 이상했던 경험이라 기억에 남아.

순아　영화라는 게 내용도 있지만, 장소에 영향을 많이 받는 것 같아. 비디오로 봤던 거랑 영화관에서 봤던 거랑은 다르게 느껴지거든. 우리 어릴 때만 해도 극장에 자주 가기도 힘들었고.

승화　맞아. 그리고 영화 관람은 뭐랄까. 좀 각 잡고 가야 하잖아. 책이나 TV는 일상에서 아무 때나 읽거나 볼 수 있지만, 영화는 정해진 날에 시간 약속을 잡고 가서, 일상이랑은 전혀 다른 어두컴컴한 공간에 들어가서 딴짓하지 말고 집중해서 봐야 하는 거지. 그 행위 자체가 영화의 일부라서 공간이나 분위기가 더 중요하게 여겨지는 것 같고, 그래서 인생 영화라고 했을 때 그런 것들까지 포함하면 영화의 내용보다도, 내 삶에서 어떤 정서로 와닿았던 것까지 포함해서 인생 영화를 꼽아야 할 것 같은 느낌인 거야. 단순히 내용이 〈너무 재밌었어〉가 아니라, 삶의 어떤 부분들까지 포함이 되어서 인생 영화를 꼽게 되는 거지.

순아　생각해 보면 더 어렸을 때는 인생 영화가 있었어.

승화　뭐였어?

순아　「인생은 아름다워」(1997)* 영화 끝나고 나서도 한참 동안 오열했어.

승화　근데 순아 그거 뭐였더라.「내 사랑 싸가지」(2004) 보면서도 울었다고 하지 않았어?

순아　아냐.「해운대」(2009) 보면서 울었지.

승화　아,「해운대」. (웃음)

순아　왜? 비웃어? 나는 울라고 만든 장면은 보고 다 울어. 나는 아주 충실한 관객이야.

승화　「인생은 아름다워」는 지금도 인생 영화로 꼽을 만해.

순아　어렸을 때는 비극이 너무 충격이었던 것 같아. 조금 딴 얘기지만 어릴 때 고전 소설이 만화책으로 나온 게 있었어. 그중에 『젊은 베르테르의 슬픔』이 있었는데, 마지막에

---

　* 이탈리아계 유대인이 풍부한 상상력으로 나치의 유대인 수용소에서 가족을 구하는 이야기를 다룬 영화. 로베르토 베니니의 슬랩스틱 코미디를 따라 웃다 보면, 어느새 울고 있는 자신을 발견하게 된다.

베르테르가 자살한단 말이야. 너무 충격받은 거야. 왜냐하면 그전에 가족 여행을 가서 「불가사리」(1990)를 봤었는데, 그걸 보면서 너무 쫄려 했더니 옆에 있던 누구네 아버지가 〈너무 걱정하지 마라. 주인공이 죽으면 이야기는 끝이 난다〉고 해서, 그렇구나 주인공은 죽지 않는구나, 라고 배웠는데, 그다음에 베르테르가 죽어 버리니까. 그러다가 「인생은 아름다워」에서도 비극으로 끝나니까. 너무 슬퍼서 영화가 끝나고 나서도 오열했던 기억이 나.

승화 생각해 보니 인생 영화는 그런 것 같아. 아무리 어리더라도 그 삶이 있잖아. 15세, 20세 이래도 그 기간 살아오면서 일종의 통념들이 생기잖아. 그런데 그걸 깨주는 영화들. 그리고 깨는 순간에 뭐가 남는 거지. 이를테면 유리에 금이 가는 것처럼, 다시 되돌릴 수 없이 남잖아. (만족스러운 얼굴로) 좋은 비유다. 이를테면 그전에는 웃긴 얘기면 웃기기만 하고, 슬픈 얘기는 슬프기만 했었는데, 「인생은 아름다워」나 「포레스트 검프」를 보면서 희극과 비극이 같이 있을 수 있다는 걸 깨닫게 된 거지. 페이소스가 있고. 깊게 남는 건 기존의 통념에 금이 가면서 그렇게 되는 것 같아.

순아 맞아. 코미디는 아니지만, 비슷하게는 「모노노케 히메」(1997)도 있는 것 같아. 빌런으로 나오는 〈에보시〉가

자연을 해치는 사람인데, 또 동시에 성에 있는 여자들이나 병 걸린 사람들한테는 은인 같은 존재잖아. 사람은 복잡하고 입체적이란 걸 그전엔 잘 몰랐던 것 같아. 그래서 이상하면서도 재밌었어.

순아와 승화, 입체적인 인물에 관한 이야기를 잠깐 하다가, 다시 인생 영화 이야기로 돌아온다.

순아　그런 걸 얘기해 볼까? 이 세상에 영화가 단 한 편만 남아야 돼. 그럼 어떤 영화가 남아야 한다고 생각해? 다음 인류한테 물려준다고 생각하고.

승화　그렇다면 내 취향보다는 약간 인류를 위해 꼽게 되는데? 학술적인 이유 같은 걸로, 「전함 포템킨」(1925)?*

순아　(황당하다는 듯) 엥?

승화　훌륭한 영화들도 많지만, 「사이코」(1960) 같은 걸 꼽았다가 후손들이 〈우리 조상들은 미친 놈들이었구나〉 생각하면 어떡해? 아, 그건 「전함 포템킨」도 마찬가진가?

순아　그럼 무인도에 갔을 때 볼 영화는? 나는 얼마 전에

---

* 실제 있었던 포템킨호의 반란을 소재로 만들어진 소련의 무성 영화. 영화 연출 기법의 하나인 몽타주 기법을 소개할 때만 맨날 예시로 등장한다.

관 뚜껑에 들어갈 때 가져갈 영화가 뭐냐는 질문도 들었어.

승화 관 뚜껑에 들어가는데 영화를 왜 가져가?

순아 죽어서 볼 영화란 뜻 아닐까?

승화 그럼 나는 「원더풀 라이프」(1998)!* 죽어서 보면 더 좋을 것 같아.

순아 무인도는?

승화 「에이리언」(1979).

순아 (황당하다는 듯) 엥? 너무 무섭지 않겠어?

승화 제일 자극적이잖아. 무인도 심심할 텐데.

순아 나는 음식 나오는 영화. 「라따뚜이」(2007)? 성냥팔이 소녀처럼 화면 보면서 맛있어하게.

승화 (웃음)

순아 근데 무인도에서 영화는 어떻게 보는 걸까? 비디오로 보는 걸까, DVD로 보는 걸까, 파일로 보는 걸까? 물도 음식도 없지만 영화는 볼 수 있는 걸까?

승화 그러게.

---

　* 이승과 저승의 경계인 림보의 직원들이 그곳에 머무는 죽은 사람들의 생애 가장 소중한 기억 하나를 영화로 재현해 주는 이야기로 고레에다 히로카즈의 초기 작품이다.

3
이모저모

빵구와 나

승화와 나는 동거 6년 차다. 승화는 나와 살기 전 승화의 동생과 함께 살았는데, 승화의 동생이 결혼하게 되면서 새로운 집을 구하게 되었다. 이미 몇 년 전부터 서울에 혼자 살고 있던 내가 먼저 같이 살자고 제안했다. 어차피 새로 집을 구하면 월세가 들 텐데, 괜히 돈 쓸 바에야 같이 살면 월세도 절약할 수 있고 데이트 비용도 아낄 수 있을 테니 윈윈이라는 판단이었다. 막상 함께 살아서 절약된 월세는 배달 음식과 술값으로 나가게 됐지만.

　승화가 이사하는 날은 만우절이었다. 얼마 되지 않는 옷가지와 컴퓨터, 책과 함께 승화가 우리 집에 들어왔다. 승화의 짐이 간소한 편인데도 일인분의 짐이 들어오니 집이 순식간에 비좁게 느껴져서, 한 사람의 존재감은 내 생각보다 볼륨감 있는 것이로구나 생각하며 놀라움과 긴장감을 동시에 느꼈다.

한 사람의 존재감은 매력적일 수만은 없다. 승화와 함께 하는 생활은 나에게 커다란 즐거움과 동시에 은은한 스트레스를 안겨 줬다. 내가 이 집에서 세운 질서와 규칙이 승화의 존재만으로 흐트러졌다. 우리는 일어나고 잠드는 시간부터 달랐다. 나는 프리랜서 친구 사이에서 몇 안 되는 아침형 인간이었고, 승화는 많은 프리랜서 친구가 그렇듯이 올빼미형 인간이었다. 청소의 빈도, 수건과 속옷을 접는 방법 등 생각지도 못한 것들로 부딪혔다.

가장 예상하지 못했던 문제는 바로 〈빵구〉였다(〈방귀〉가 표준어겠지만 조금이라도 귀엽게 보이기 위해 〈빵구〉라고 쓴다). 승화와 나는 빵구를 트지 않은 상태였다. 함께 살기 전에도 승화가 우리 집에서 자고 갈 때마다 빵구를 참느라 힘들었다. 한번은 며칠간 우리 집에 머물던 승화가 떠나고 동생이 놀러 왔다. 동생 앞에서 그만 며칠간 참아 온 빵구를 터뜨려 버렸는데, 내 빵구 소리를 들은 동생이 몹시 정색하며 그냥 눈 딱 감고 승화랑 빵구를 트는 게 낫지, 이러다가 정말 큰일 나겠다고 한마디 했다.

빵구를 일부러 트지 않은 것은 아니다. 몇 번이고 이제부터 빵구를 트겠다고 선언할 때마다, 마음의 벽이 괄약근을 단단히 조여 버리는 바람에 매번 실패로 돌아갔다. 승화와 동거를 시작한 후, 원래도 배에 가스가 잘 찼던 나는 나날이 노래져 갔다. 나와 달리, 놀랍게도 승화는 생전 아무하고도 빵구를 트지 않았기에 아무런 불편을 느끼지 않았다. 내 이야기를 들은 동거 선배들은 어떻게 그럴 수가 있냐며 걱정했다. 당시 고민 상담을 들어 줬던 한 친구는 이후 오랜만에 연락을 나눌 때마다 이제는 승화와 빵구를 텄냐는 질문을 안부처럼 묻는다. 승화와 빵구를 트지 못한 나는 승화가 하다못해 간식거리라도 사러 나가기를 기다렸고, 승화가 나간 사이에 날카로운 빵구 타임을 가지며 괄약근의 자유를 누렸다. 생각해 보면 정말 이상한 일이다. 불특정 다수가 볼 수 있는 글에 빵구 사정을 쓰면서 정작 가장 가까운 사람 앞에서는 빵구를 뀌지 못하다니.

함께하는 생활에 어느 정도 적응하고 나자, 코로나19가 전 세계를 강타했다. 코로나19가 무서웠던 나와 원래도 집 밖에 잘 나가지 않는 승화는 집에 있는 시간이 더욱 길어졌다.

코로나19가 완화된 후에도 상황은 달라지지 않았다. 빵구와 관련한 특단의 조치가 필요했다. 승화는 내가 눈치 보지 않고 빵구 할 수 있도록 귀를 막고 노래를 불렀다. 내가 빵구를 낄 때 승화가 주로 부르는 노래는 TV 만화 「날아라 슈퍼보드」의 OST다.

「치키치키차카차카초코초코초, 치키치키차카차카초코초코초.」

급기야 승화는 내 빵구에서 얻은 영감으로 소설까지 쓰기에 이른다. 『레시피 월드』에 수록된 에피소드 〈방귀 전사 볼빨간〉이 그러한데, 방귀쟁이 며느리의 후손인 고등학생 〈홍〉이 방귀로 악당을 물리치는 얘기다.

승화와 같이 살기 시작한 지 얼마 지나지 않은 때였다. 침대에 누워 잘 준비를 하는데 문득, 우리는 헤어지지 않는 한 평생 이렇게 같이 살아야 하는 걸까, 라는 질문이 들었다. 평생이라는 말이 아득하게 느껴졌다. 평생은 얼마나 긴 시간일까? 나는 그저 같이 살면 돈을 아낄 수 있고 맨날 볼 수 있으니까 좋겠다고 생각했을 뿐, 평생 함께 살겠다는 엄청난 결심을 할 만큼 깊은 고민을 한 것은 아니었다. 혹시 내 생각이 너무 짧았던 걸까, 떨리는 목소리로 승화에게 물었다.

「그럼…… 우린 평생 같이 살아야 하는 건가? 앞으로 헤어지지 않으면 이대로 평생……?」

잠시 생각에 잠긴 승화가 말했다.

「떨어져서 지내고 싶으면 떨어져서 지내고, 같이 살고 싶으면 같이 살면 돼. 그때그때 정하면 돼.」

그 말을 들으니 안심이 되었다. 우리가 연인이라고 해서 반드시 같이 살 필요는 없다는 점이, 우리가 함께 사는 건 연인 사이의 의무가 아니라 자발적 선택일 수 있다는 점이. 막상 살림을 합치게 되니 다시 나눌 엄두가 나진 않지만, 언젠가 따로 살았다가 또 같이 살면 좋겠다.

덧. 어찌 됐든 함께 있으면 좋은 사람과 가까운 거리에 사는 건 정말 좋은 일이다. 언젠가 동생이 친구끼리 나눈 얘기를 들려준 적 있다. 우리 이렇게 월세 내면서 살 바에야, 다섯 평짜리 땅을 사서 거기에 5층짜리 건물을 짓자. 그래서 우리 다 같이 살자. 그래도 이십 평 정도 되는 땅을 사면 좋겠다고 생각하면서 종종 미래에 살게 될 집을 상상해 본다. 승화와 내가 같이 살 수도 있고 따로 살 수도 있는 집을. 좋아하는 친구들이 앞집과 위아래 집에 살 수 있는 집을.

요가와 나

이 세상 많고 많은 운동 중에 내가 가장 피하고 싶었던 운동
이 요가였다. 문장이 과거형인 이유는 내가 몇 년 전부터 요
가를 하고 있기 때문이다. 이건 모두 순아 때문이다.

솔직히 요가를 잘할 것 같다는 이야기는 들은 적이 있었다.
나는 키가 크고, 팔다리가 길어 보이는 편이며, 검고 마른
체형에, 수염이 있는, 약간은 남아시아인 같은 인상이니까.
하지만 그저 남아시아인을 닮았다고 해서 요가를 잘할 리
없지 않은가?!
　실제의 나는 키는 크지만 다리는 짧은 체형이며, 놀랍도
록 뻣뻣한 몸과 오랜 시간에 걸쳐 단련된 굽은 등과 거북목

을 가졌다. 게다가 기합받는 걸 세상에서 제일 싫어하기에 어쩐지 기합받는 자세 같은 요가와 나는 멀어도 한참 먼 사이였다.

「생일 선물 대신에 나랑 같이 요가 10회 함께해 줘.」

언젠가 순아가 말했다. 순아는 이미 동네 요가원에 다니는 중이었다. 나는 처음엔 정말 10회만 같이할 생각이었다. 게다가 순아의 제안을 거절할 수 없었던 이유는, 내가 요가하기 싫다고, 차라리 헬스를 하겠다며 헬스장을 끊었다가 결국 몇 번 나가지 못했기 때문에 핑곗거리가 없어서이기도 했다. 어쩔 수 없었다. 나가야 했다. 나는 낯선 사람들 사이에서 형편없이 삐걱댈 내 모습이 너무나도 창피할 듯하여, 단체 요가 말고 요가 선생님과 순아와 나만 함께하는 2대 1 수업이라면 하겠다고 했다.

우연이지만, 요가원 원장님은 바로 우리 아랫집에 살고 계셨다. 우리의 수업은 원장님이 직접 맡으셨는데, 첫 수업 때 나의 굽은 등과 뻣뻣한 신체 능력을 확인한 원장님이 한마디를 했다.

「도전 의식이 생기네요.」

무엇에 도전하려 하시는 건지 묻지는 않았지만, 이어진

수업을 통해 알아들을 수 있었다. 나는 정말이지 하나도 되지 않는 자세를 실행하기 위해 애써야 했다. 기름칠 된 경첩처럼 몸이 이리 접히고 저리 접히고 하는 순아와 달리, 나는 녹슨 로봇처럼 이리 삐걱거리고 저리 삐걱거렸다. 요가를 마친 다음 날이면 몸 곳곳에서 비명이 들렸다. 40년 동안 평화롭게 굳어 있던 나의 뻣뻣한 근육 세계가 외부로부터 침공당하고 있었다. 위기에 처한 근육 세계 미국 대통령이 내게 이렇게 말하는 듯했다. 〈아 유 키딩 미?〉

그렇게 일주일에 한 번씩 10회의 수업이 끝났다. 이제 끝이 났을까? 아니었다. 요가는 계속되었다. 나무토막 같은 나를 운동시키기 위한 순아와 원장님의 계략(?)에 걸려든 것이었다. 그 이후로도 10회, 그 이후로 또 10회, 그렇게 1년, 2년이 훌쩍 흘러갔다.

때때로 원장님은 내가 처음에 비하면 눈에 띄게 좋아졌다면서 탄성을 지르곤 하셨는데, 그러면 순아도 옆에서 〈이게 다 원장님 덕분이에요〉라며 손뼉을 쳤다. 원장님은 내 좋아진 자세를 확인할 수 있도록 사진으로 찍어 주시곤 했는데, 그러면 나는 내가 정말로 대단히 좋아진 줄 알고 기대에 차서 사진을 확인했다. 그 자세는 바닥에 누운 채로 손발로 바닥을 밀며 등과 배를 천장으로 들어 올려서 〈n〉 자 모양을 만드는 〈우르드바 아사나〉 자세였다. 옆자리 순아의 유연한 자세가 마치 에베레스트처럼 우뚝 솟아 있었다면, 내 자세는 동네에 있는 오르막길 정도밖에 안 되었다. 90세 어르신이 올라도 숨이 차지 않을 만큼의 낮은 오르막 말이다.

어떻게 하면 이번 주 요가를 하지 않을 수 있을까 궁리하던 시기를 지나, 어쩔 수 없음을 깨닫는 시기도 지나자, 놀랍게도 정말 몸에 변화를 느끼기 시작했다. 하루 대부분을 컴퓨터 앞에 앉아 글을 쓰거나 영상 작업을 하는 나 같은 사람에게 어깨, 목 통증은 고질적인 것이었다. 그런데 요가를 하고 돌아오면 이 통증이 조금은 가시고 편해지는 것을 느끼게 된 것이었다. 이후로 나는 일주일 동안 마음껏 엉망인 자세로 산 뒤에 요가로 치료하는 것을 반복하게 되었다. 순아와 내가 원장님을 〈화타〉라 부른 것도 이 무렵부터였다. 그러다 보니 한 번씩 요가를 하지 못하게 되는 날엔 괜히 집에서 스트레칭이라도 하게 되고, 순아의 지도로 우리 집 거실에서 요가 수업이 이루어지기도 했다.

축구라든지, 농구라든지, 배드민턴, 볼링 등등. 생각해 보면 내가 지금껏 해왔던 운동들은 모두 누군가와 경쟁이 불가피한 스포츠였다. 그래서 그럴까? 처음 요가를 해야 한다고 했을 때 하고 싶지 않았던 이유도 내가 요가를 너무 못할 것이 자명했기 때문에, 다시 말해서 질 것 같았기에 하고 싶지 않았던 것인지 모른다. 하지만 요가는 그 누구와도 싸울 필요가 없었다. 심지어는 헬스처럼 무거운 걸 몇 번이나 드는지 그런 걸로 나 자신을 이길 필요도 없었다. 그저 되면 되는대로, 안 되면 안 되는 대로 거기까지만 하면 되는 것이었다. 만약 요가가 누군가와 경쟁해야 하는 축구 같은 스포츠였다면 나는 벤치에도 앉기 어려운 출전 명단 제외 수준의 선수였을 테지만, 우리 요가 수업에서 나는 유망주인 것이다. 만년 유망주.

일주일에 한 번씩, 순아와 함께 요가를 다닌 지 햇수로 5년째가 되었다. 순아는 원장님이, 〈아마도 순아 님이 영화인 중에서 요가를 제일 잘할 거에요〉라고 극찬할 정도로 실력이 늘었다. 그리고 나는, 이 글을 쓰기 바로 며칠 전에 다리를 쭉 펴고 앉아 양손이 내 발끝에 닿는 기적을 보았다. 그렇다. 나의 요가 실력은 지금도 파도에 바위가 깎이듯이 늘고 있다.

　아주 천천히, 그리고 아무도 모르게.

혼자서 1

「골라 봐.」 어느 날 순아가 자신의 핸드폰 사진첩에 저장된 몇 장의 빈방 사진을 보여 주며 내게 말했다. 사진 속 빈방들은 저마다 깔끔하게 정리되어 있었는데, 나무로 된 책상과 일인용 침대, 그리고 책들이 잔뜩 꽂혀 있는 책장이 보였다.

어디에 있는 곳인지, 방의 정체가 무엇인지 아무것도 알 수 없었다.

  …….

이렇게 쓰고 나니 공포 소설의 도입부처럼도 느껴지지만, 이는 사실 순아가 연애 10주년 기념으로 내게 마련해 준 것이었다.

「10주년 기념으로 승화 혼자 여행 가지 않을래?」

대체 어떤 커플이 10주년 기념으로 상대방을 혼자 여행 보낸단 말인가? 순아가 그랬다. 순아가 보여 주었던 빈방들은 평범한 호텔이 아닌, 책방과 함께 운영하는 독특한 형태의 숙소들인 것이었다.

「나 혼자?」

내가 되묻자, 순아가 고개를 끄덕였다.

혼자만의 2박 3일 여행이라……. 생각해 보면 나는 혼자 숙박을 동반한 여행을 한 적이 없었다. 간혹 영화제 일정으로 지역에 가서 제공된 숙소에서 묵은 적은 있었지만, 그건 여행이라기보단 출장이었으니까.

순아가 제안한 여행 일정을 점검해 보니 그즈음에 쓰던 원고의 중간 마감이 있었기에 어딘가 구경을 다닌다거나 하진 못할 것 같았다. 아마도 숙소에 틀어박혀 글만 쓸 내 모습을 떠올렸지만, 그것도 나쁘지 않겠다고 생각했다.

하지만 10주년인데?

혹시 순아 혼자 있고 싶은 걸까? 나는 생각했다. 친구들과의 약속이나 여러 정기 모임이 잦은 순아와 달리, 나는 언제나 집 안에만 틀어박혀 있는 집사람이었다. 나는 순아가 외출하는 날에 혼자만의 시간을 보낼 수 있었지만, 순아는 내가 통 바깥에 나가지 않으니, 혼자 있는 시간이 적을 수밖에 없었다. 아무리 애인이라고 해도 누구나 혼자만의 시간은 필요한 법인데……. 그런가 보다. 순아가 혼자 있고 싶은가 보다.

「꼭 그런 것만은 아닌데, 승화가 가보면 좋을 것 같아.」

가만 보아하니 이건 제안이 아니었다. 꼭 가야 하는 것이었다. 순아가 보여 준 빈방 중에서 하나를 골랐다. 작은 서재와 나무 책상이 있는 깔끔한, 빈티지한 매력이 있는 방이었다. 내가 거긴 어디냐고 물으니 비밀이란다. 조금 있다가 그럼 대강 어디쯤 있는 거냐고 물으니, 안 알려 준단다.

여행 당일까지도 순아는 내가 언제 어디로 가야 하는지도 알려 주지 않았다가, 그날 오전이 되자 말했다.

「서울역으로 가.」

최소한 KTX구나, 나는 생각했다. 서울역에 도착해서 순아가 예매한 KTX 표를 메시지로 전달받았다.

기차표에는 이렇게 쓰여 있었다.

　출발지: 서울〉도착지: 목포

목포? 목포라니! 나는 꼼짝없이 목포로 2박 3일간의 혼자만의 여행, 마감 여행을 떠났다.

남순아 이름으로 예약된 숙소는 목포역 바로 인근에 있었다. 오래된 여관을 스테이로 리모델링한 곳이었는데, 한눈에도 아날로그 한 매력을 발휘하는 곳이었다. 내가 묵게 된 2층 방은 여관 시절 두 개였을 방을 하나로 연결한 곳이었는데, 방 하나는 침실, 방 하나는 작업실로 나뉘어져 사용할 수 있게 되어 있었다. 침실에는 그 흔한 TV도 없이 정말 잠만 잘 수 있는 침대뿐이었고, 작업실에는 근사한 나무 책상과 작은 서재가 딸려 있었다. 게다가 1층에는 주인 부부가 운영하는 작은 책방 겸 카페까지 있었으니, 정말이지 글 쓰는 일을 하기에 딱 맞은 공간이었다.

나는 밥 먹을 때와 담배 피우러 잠깐씩 나갈 때 빼고는 종일 작업실에서 주야장천 글만 썼다. 딴 거 할 게 없기도 했지만, 순아가 10주년 기념으로 선물해 준 여행인데, 게으름을 피우면 안 될 것 같았다. 마감을 성공적으로 해야만 할 것 같았다.

먹으러 간 여행은 아니었지만, 아무래도 목포이다 보니까 매번 밥을 먹으러 나갈 때마다 〈이번엔 뭘 먹지?〉 하는 기대가 샘솟았다. 맛집 기행에 대한 글은 아니니 짧게만 쓰자면, 검색해서 찾아낸 맛집 대부분은 성공적이었다. 그중

개인적으로 도전해 본 음식이 하나 있었으니 바로 〈홍어 라면〉이었다. 그랬다. 홍어를 먹어 본 지가 한참 되어서 방심하기도 했다. 게다가 라면에 들어갔다고 하니 그 세기가 비교적 약하지 않을까 싶었는데, 오히려 반대였다. 면에서도 홍어 맛이 나고, 국물에서도 홍어 맛이 나고, 들어 있는 홍어는 홍어니까 홍어 맛이 났다. 그야말로 피할 데가 없는 맛이었다. 홍어 초보자인 내가 당해 낼 재간이 없었다.

이후에 광주 출신의 친구에게 홍어 라면에 관해 물었는데, 꽤 당황스러워했다. 〈홍어를 왜 라면에?〉 하는 눈치였다. 하지만 라면집은 맛집으로 꽤 유명한 곳이었고, 리뷰도 좋았다. 홍어를 참 좋아하시는 분들이라면 꼭 한번 도전해 보시길 바란다.

결국 그래서 10주년 기념 혼자 여행이 어땠느냐 묻는다면. 꽤 좋았다고 대답할 수 있다. 일단은 마감을 잘 마쳤다. 마감을 방해하는 가장 큰 요인은 결국 나 자신이기에, 글 쓰는 것 이외에는 아무것도 할 수 없는 2박 3일 동안 나는 부스터를 켠 글쓰기 기계처럼 글을 쓸 수 있었다.

무엇보다 순아와 잠시 떨어져 지내는 동안 깨닫게 된 것들이 있었다. 누군가와 10년을 함께한다는 것은 새삼스러운 일이다. 익숙해지고 까먹는 것들이 많아진다는 뜻이다. 잠시 떨어져 있는 것이었지만 오히려 혼자 지내다 보니 순아의 빈자리를 더욱 여실히 느낄 수 있기도 했다. 집에 있으면 나가고 싶다가도, 막상 밖에 나오면 금세 집이 그리워지는 것과도 비슷한 원리라고 생각했다.

우리의 연애는 앞으로 10년이 아니라 20년, 30년, nn년 계속될 거로 생각한다. 응당 당연하게 겪고 있지만, 잠들기 전에 가만히 누워서 생각해 보면 참 이상한 일처럼 느껴지기도 한다. 늘 곁에 있다고 해서 당연한 존재로만 남고 싶진 않다. 서로에게 새삼스러운 존재가 되는 것이 새삼 중요하다고 생각하게 된,

혼자만의 여행이었다.

둘이서

승화랑 같이 작업하려고 식탁에 각자의 노트북을 켰다. 본격적으로 작업을 시작하기 전, 음악을 들으려고 잠깐 유튜브를 켠 것까진 기억난다. 그런데 우리는 어느새 〈청각 나이 주파수 테스트〉를 하고 있었다. 나이가 들수록 고주파를 인지하는 기능이 손상되므로, 소리 청취 여부에 따라 청각 나이를 테스트하는 것이다.

「들려?」

「⋯⋯아니?」

「지금은?」

같은 소리지만 나는 듣고 승화는 듣지 못했다. 나이 차이만큼 그랬다.

신기한 청각 나이 주파수 테스트를 마치고, 〈자, 이제 일하자〉라고 말하자마자, 〈야니 vs 로럴 테스트가 유튜브 알고리즘으로 떴다. 같은 음성을 고주파인 〈야니〉로 듣는지, 저주파인 〈로럴〉로 듣는지에 따라 청각 나이가 다르다는 것이었다.

「야~니라고 하는데?」

「엥? 이게 어떻게 야니야? 로~럴이지.」

우리는 또 한참 이 테스트를 만든 제작자의 의도대로 야니다, 로럴이다로 시시껄렁한 이야기를 나누다가, 그 원리를 알아보기 위해 오디오 프로그램까지 켜서 주파수를 변경해 보며 고주파와 저주파의 비밀까지 알아냈다. 그러자 한 시간가량 지나 있었다.

이런, 젠장. 또다. 마치 다른 시간의 터널을 통과한 것처럼, 작업은 시작도 못 했는데 시간이 훌쩍 지나 버렸다. 우리는 불평하기 시작했다.

저번에 그랬잖아, 일본 배우 이름이 기억나지 않아서 기억해 내느라 진짜 오래 걸렸잖아. 그 배우 이름이 유명 건축가랑 비슷하다고 말하고 싶었는데, 그 건축가 이름이 기억나지 않았잖아. 그래서 〈노출 콘크리트 만든 사람 있잖아〉

라고 말하고 싶었는데 〈노출 콘크리트〉라는 단어가 생각나지 않았잖아. 그래서 〈요즘 카페에 많이 하는 디자인 있잖아〉라면서 한참을 스무고개 하듯 얘기했잖아. 결국 노출 콘크리트를 기억해 내긴 했지만, 승화가 노출 콘크리트가 왜 싫은지 얘기하는 바람에 한 시간이 훌쩍 지나 버렸잖아. 정작 하고 싶은 말은 〈안도 사쿠라가 부산국제영화제에 왔대!〉 같은 거였으면서.*

한참 불평하다 보니 어느새 한 시간이 더 지나 배가 꼬르륵거렸다.

「밥이나 먹을까?」

「그래.」

1 더하기 1이 꼭 2가 아닌 순간도 있다.

* 노출 콘크리트로 유명한 일본의 건축가는 〈안도 다다오〉다.

우리가 사랑한 카페들

오랜만에 홍대입구역에 갔다가 시간이 남아 곳곳을 걸어다녔다. 여긴 좋아하던 카페가 있던 자리였는데, 여긴 오래된 식당이 있던 자리였는데, 하면서 귀향한 사람처럼 달라진 거리를 낯설게 느꼈다. 새삼스러운 일이었다.

연애 초기에 순아와 나는 수없이 많은 횟수의 데이트를 카페에서 했다. 아무래도 카페니까 커피를 마시러 간 것도 있겠지만, 꼭 그것 때문은 아니었다. 우리는 일종의 떠돌이 영화인이었다(특히 내가). 노트북 하나를 어깨에 둘러메고 매일 집을 떠나 여기저기 떠도는, 이런 떠돌이 영화인들에게 카페는 작업실이기도 하고, 식당이기도 하고, 회의실이기

도 했다. 글을 쓰는 시간보다 수다 떠는 시간이 늘 더 많긴
했지만, 생각해 보면 그게 좋았다.

우리가 주로 떠돌았던 지역이 바로 홍대입구역 인근이었
다. 경기도민이었던 순아와 인천 사람이었던 나의 중간 지
점이 그쯤 되기도 했고, 둘 다에게 익숙한 곳이었다.

위치 이외에 카페를 선정하는 우리만의 기준이 있었다
고 한다면, 그건 바로 〈실내 흡연이 가능한가?〉였다. 그랬
다. 기억나는가? 먼 옛날, 호랑이 담배 피우던 시절. 카페 실
내에서 흡연할 수 있었던 그런 때가 있었다. 모름지기 카페
테이블 위엔 쓰디쓴 아메리카노 한 잔과 함께 커피 찌꺼기
가 담긴 재떨이가 올려져 있어야 했고, 자욱한 담배 연기 사
이로 진지하지만 시시한 이야기들이 오가야 했다. 「커피와
담배」(2006)라는 영화가 괜히 만들어진 것은 아닐 것이다.
아무튼 그 무렵 우리는 아무리 좋은 위치에 있는 그럴듯한
카페라고 해도 실내 흡연이 안 되는 곳이면 거들떠보지를
않았다. 여유로운 동시에 괴로운 창작의 시간엔, 커피와 담
배 무엇도 빠지면 안 되니까.

연애 초반 자주 가던 홍대 인근의 카페 중에는 〈영화다방
와〉라는 곳이 있었다. 가게 이름부터 말 다 했다. 사장님도

영화인이셨고, 오가는 손님들도 많은 수가 영화인이었다. 커피 맛이 좋았었는지 어땠는지는 기억나지 않지만, 어두 컴컴한 지하의 한쪽 벽면에는 늘 고전 영화가 상영되고 있었고, 영화에 관한 이야기들을 하거나, 시나리오를 쓰거나 하는, 갈 곳 없는 영혼들이 머물기엔 이만한 공간이 드물었다.

영화 학교를 나오지 않은 나는, 매번 함께 고민할 수 있는 동료 영화인을 찾고 싶어 했는데, 나의 주도로 진행된 영화 제작 소모임도 이곳에서 진행했었다. 물론 참석자는 적었고 그나마 참석한 사람끼리도 다른 참석자를 기다린다는 핑계로 커피를 마시며 느긋한 수다만 떨다가, 결국 인근 부산 어묵집에서 술만 마시고 집에 가곤 했었다.

이곳에는 매주 수요일이면 꿈을 그려 주는 사람이 NPC 처럼 앉아 있었는데, 연애 전에 이곳에서 우연히 만난 순아가 곧 생일이라길래, 생일 선물로 꿈 그림 비용을 내가 내겠다고 했다. 순아가 꿈 그림 NPC 선생님에게 지난밤 꾸었던 악몽에 관해 이야기하자 순식간에 그림이 그려졌다. 무척이나 어두운 그림이었다. 생일 선물인데⋯⋯. 게다가 이면지에 그려 주셨다. 너무해⋯⋯. 꿈 그림은 가격이 정해져 있지 않고 손님이 주는 만큼 받는 비용을 받는 시스템이었

다. 얼마를 드릴까 하다가 천 원짜리 두 장을 꺼내니 순아가
말렸다.

「그래도 선물인데 오 천 원은 드려야지.」

맞는 말이었다. 그래서 오 천 원을 드렸다.

〈영화다방 와〉는 어느 날 문득 문을 닫고는 영영 소식을
알 수 없게 되었다.

가장 많이 머물렀던 카페는 아무래도 홍대입구역 8번 출구
인근에 자리했던 〈한잔의 룰루랄라〉였다. 카페를 둘러싼
책꽂이마다 만화책이 꽂혀 있는 만화 카페였지만, 만화인
뿐만 아니라 많은 영화인, 특히 인디 뮤지션들이 사랑했던
카페이자 공연장이자 아지트였다. 맛있는 커피와 처음 보
는 수입 맥주도 좋았지만, 간혹가다 다른 테이블에서 들리
는 어쿠스틱 기타 소리와 노트에 조그만 그림을 끄적이는
사람들의 진지한 모습도 좋았다. 갈 때마다 카페에 있던 이
름 모를 손님들과의 내적 친밀감도 생겼다.

이곳의 사장님은 〈라장님〉이라 불리셨는데, 늘 들릴락
말락 한 목소리로 수줍게 말씀하셔서 덩달아 귀를 기울이
며 작게 말하게 되었다. 〈룰랄에서 보자〉가 인사였을 정
도로 순아와의 데이트뿐 아니라 동료, 배우, 친구, 일로 만

난 사람 들과의 미팅도 모조리 이곳에서 가졌었다. 처음 만
난 사람들이 홍대에 이런 곳이 있는 줄 몰랐다며 만족해하
면, 어쩐지 나도 작게 흐뭇해하고 그랬다.

혼자서도 자주 갔었다. 어차피 시나리오 쓰는 일이라 집
에서 해도 되는데, 굳이 버스를 타고 한 시간 넘게 걸리는
홍대 앞까지 와서, 조그만 테이블 하나를 차지한 채 노트북
을 펼쳐 놓고 언제 만들어질지 모를 이야기를 쓰겠다며 종
일 커피를 마시고 담배를 피워 댔다. 어쩐지 그래야 한
다고 생각했었던 것 같다. 이곳 카페들에는 느긋하게 치열
한 예술가의 정서, 그리고 뜻대로 되지 않는 청춘의 고민과
삶을 사유하는 태도가 늘 담배 연기처럼 자욱했다. 그것들
이 알게 모르게 내 글에 스며들 거라고. 그렇게 믿었던 것도
같다.

〈한 잔의 룰루랄라〉는 수많은 인디 뮤지션과 함께한 〈45일
간의 인디 여행〉이라는 긴 고별 공연을 마친 뒤, 문을 닫았
다. 지금은 같은 자리에 헤어 숍이 들어섰다.

단골 카페들이 슬슬 사라져 가고 실내 흡연도 금지될 무렵,
상수역에 있던 카페 〈바리스〉도 순아와 함께 사랑했던 카
페였다. 이곳은 독특하게도 카페 안에 〈박쥐 사진관〉이라

는 작은 사진관이 함께 있었는데, 부부 사장님이 함께 운영하시는 곳이었다. 〈수박〉이라는 이름의 커다란 강아지도 있었다. 앞서 소개했던 〈영화다방 와〉가 가난한 영화인들의 깊은 동굴 같은 곳이었고, 〈한잔의 룰루랄라〉가 인디 예술가들의 소박하고 힙한 아지트였다면, 이곳은 뭐랄까 햇살이 드는 미대 학생들의 작업실 같은 느낌이었다. 특히 대낮부터 2층의 통창 앞에 앉아 브런치와 함께 아메리카노를 마시다 보면 안 써지던 글도 술술 써지곤 했었다.

다른 곳과 마찬가지로 어느 날 가보니 가게가 사라져 있었다. 우리는 어쩐지 서운한 마음에 사장님들이 혹시 어디로 가게를 옮기셨을지 찾아본 적도 있었다. 같은 자리엔 피자 체인점이 들어섰다.

이 외에도 합정의 〈용다방〉, 종로의 〈뎀셀브즈〉, 우리가 사랑했던 카페들이 하나둘 사라진 뒤 나도 순아도 홍대 앞을 떠났다.

홍대입구역 8번 출구 주변은 나에게 고향과 같은 곳이다. 인디 뮤지션이던 20대 때에도, 영화인으로 지내던 30대 때에도 지겹도록 많은 시간을 보내던 곳이니까. 담배 연기와 함께 인디 음악이 흘러나오던 카페들도, 골목 안 작지만 개성 있었던 술집들도, 밤이면 기타를 멘 이들이 껄렁이던 라이브 클럽들도, 모두 사라졌다. 그 빈자리에는 근사하게 획일화된 카페와 소위 말하는 〈감성〉 술집들이, 대박이라는 기대와 치솟는 월세라는 실망 속에서 쳇바퀴처럼 사라지고 생겨나고를 반복하고 있다.

「홍대는 망했어.」

가끔 내가 중얼거리면, 순아는 꼰대처럼 군다고 한마디씩 한다. 흡연이 가능한 카페가 없어서 그런 것은 아니다. 홍대 앞을 아지트로 삼던, 발에 치일 만큼 많던 예술인들은 대부분 홍대 앞을 떠났다. 만들어지지 않은 이야기가 담긴 노트북을 들고 홍대 앞을 서성이던 영화인들도 마찬가지다.

갈 곳 잃은 이들이 우리뿐만은 아닐 것이다.

내가 사랑한 극장들

내 인생 최초의 극장은 안방극장이다. 어린 시절, 우리 가족은 주말 저녁마다 다 같이 안방에 누워 과자를 먹으며 대여해 온 비디오를 봤다. 이때 봤던 영화 중 기억나는 건 「성냥팔이 소녀의 재림」(2002)인데, 무슨 내용인지 전혀 이해하지 못했지만 안방극장에서만큼은 여러 과자를 먹을 수 있었기 때문에 뭘 봐도 즐거웠다.

우리는 안방극장뿐만 아니라 자동차극장도 많이 다녔다. 나는 조수석에 앉아 운전석의 아빠와 함께 앞자리에서 영화를 봤다. 조수석은 평소에 아이가 앉을 수 있는 자리가 아니었으므로, 나는 자동차극장에 왔을 때만 조수석에 앉을 수 있었다. 과자랑 음료수를 먹으면서, 어떨 때는 연달아 영화를 보기도 했다(여기까지 쓰고 보니 그냥 과자를 먹을 수 있어서 영화 보는 시간이 즐거웠던 건 아닐까 싶기도 하다).

2002년 여름, 당시 나는 경기도 평택의 송탄이란 동네에 살고 있었다. 송탄에는 극장이란 게 없었다. 그런데 어느 날, 종종 클래식이나 연극 공연 같은 걸 하던 송탄문예회관에서 「센과 치히로의 행방불명」(2001)을 상영한다고 했다. 「센과 치히로의 행방불명」은 일본의 엄청 유명한 감독의 만화 영화라고 했다. 당시 송탄의 어린이들은 푯값 천 원을 내고, 다 같이 「센과 치히로의 행방불명」을 보러 갔다. 맨날 안방에서 널브러져 가족들이랑만 보다가, 극장에서 똑바로 앉아 여러 사람과 함께 영화를 보자 알 수 없이 흥분되었다. 상영관 불이 꺼지자 나처럼 흥분과 긴장을 느낀 어린이들이 탄성을 내뱉었다. 치히로를 따라 금지된 세계를 다녀온 어린이들은 문예회관을 나와서도 흥분을 감추지 못했다. 그날 문예회관 주변에는 흥분한 어린이들이 걸어 다녔을 것이다.

　본격적인 극장 경험은 초등학교 6학년이 되어서였다. 이제는 평택 시내로 나갔다. 어른들이 일을 보고 오는 동안 나는 혼자서 영화를 보기로 했다. 다른 여자애들처럼 인터넷 소설에 빠져 있던 나는 「내 사랑 싸가지」를 골랐다. 극장에 들어서니 웬 커플이 내 자리에 앉아 있었다. 나는 용기 내서 어른들에게 말을 걸었다.

「여기 제 자리인데요.」

남자는 황당하다는 듯이 말했다.

「아무 데나 앉으셔도 되는데요.」

인생 영화는 꼽기 어렵지만, 인생 극장을 꼽으라면 꼽을 수 있다. 내 인생 극장은 중앙시네마(옛 중앙극장)이다. 중앙 극장은 1998년 중앙시네마로 이름을 바꿨지만, 나와 내 주변 사람들은 이 곳을 중앙극장이라고 불렀다.

입시에 관심이 없던 나는 엄마 몰래 학교를 빠지고 중앙 극장에 영화를 보러 다녔다. 집에서는 등교하는 척 나와서 5500번 좌석버스를 타고, 서울 명동 근처에 있는 중앙극장 정류장에서 내렸다. 중앙극장에는 당시 국내 유일 독립영화전용관인 인디스페이스, 그리고 일본 영화와 예술 영화를 상영했던 스폰지하우스가 있었다. 나는 그곳을 멋대로 내 아지트 삼아 조조 영화표를 끊고, 추위를 피해 로비에 앉아서 책을 보거나 일기를 썼다. 로비는 실내이긴 했으나 난방이 잘 되진 않아서, 영화 시작 전까지 덜덜 떨다가 캄캄한 극장 안에 들어가고서야 몸을 녹일 수 있었다. 영화 시작 전에는 극장 트레일러가 먼저 나왔다. 화재가 나면 어떻게 해야 하는지, 극장 출입구는 어디에 몇 개 있는지, 몇십 번이고 들어서 익숙한 멜로디까지 듣고 나면 나의 몸은 비로소 〈영화를 볼 몸〉이 된다.* 극장에는 나를 비롯한 소수의 관객이 함께 있었다. 평일 아침에는 관객이 별로 없기에, 나는 그렇다 치고 저 사람은 뭐 하는 사람인데 이 시간에 여기 와서 영화를 보고 있지? 궁금해하곤 했다.

중앙극장은 결국 경영난을 이기지 못하고 2010년 5월 31일, 폐관했다. 1990년대 멀티플렉스가 등장하면서 고전했다고 하니, 내가 중앙극장을 들락날락했을 땐 이미 경영난을 겪는 상황이었을 것이다. 중앙극장이 문을 닫은 후, 누군가 극장 매표소 벽에 매직으로 〈가지 마! 중앙극장〉이라고 낙서해 둔 것을 봤다. 중앙극장은 그 뒤로도 한참 동안 폐허처럼 껍데기만 있었다. 허물어진 뒤에는 고개를 뒤로 젖혀야만 끝이 보이는 높다란 고층 빌딩이 들어섰다.

* 인터넷에서 친구가 빔 프로젝터를 샀다며 놀러 오라고 해서 갔더니 금호타이어 광고까지 틀어 줬다는 이야기를 본 적 있다. 금호타이어 광고는 CGV 극장 비상 대피도 안내 광고다. 디테일에 집착하는 것 같지만 나는 실제로 그 익숙한 절차가 우리를 영화 보는 몸으로 변화시킨다고 생각한다.

지리학자 이-푸 투안은 공간에 우리의 경험과 삶, 애착이 녹아들 때 장소가 된다고 한다.* 내가 아는 많은 친구가 각자의 인생 극장에서 영화인의 꿈을 키웠다. 그렇다면 극장은 단순히 영화를 틀어 주는 공간이 아니라, 그 공간에 켜켜이 기억들이 쌓인 장소일 것이다. 그리고 그러한 기억들은 나를 구성하기도 한다. 어쩌면 한 장소의 상실은, 단순히 그 장소가 사라졌다는 뜻을 넘어 우리의 일부를 상실했다는 뜻일지도 모른다. 중앙시네마가 폐관하면서 남긴 마지막 인사 문구로 이 글을 마친다.

중앙시네마의 엔딩 크레디트가 올라가지만 영화처럼 좋은 나날이 펼쳐지길 바랍니다.
—중앙시네마 전 직원 일동 올림

* 이-푸 투안, 『공간과 장소』, 윤영호, 김미선 옮김(서울: 사이, 2020).

아마추어 찬양론자

아마추어amateur: 예술이나 스포츠, 기술 따위를 취미로
즐겨 하는 사람을 일컫는 말.

나는 늘 아마추어이고 싶다. 얼마나 그러고 싶냐고 묻는다
면 내 영어 이름을 〈아마추어 백〉이라고 짓고 싶을 정도다
(농담이다).

일반적으로 아마추어라는 단어는 프로의 반대말이나,
프로가 되기 전 벗어나야 하는 미진한 단계 정도로 여기지
만 내 생각엔 그렇지 않다.

프로가 그 일을 직업으로 삼아 돈을 받아 생계를 유지하
는 사람이라면, 아마추어는 돈을 받지도 않고 꼭 해야 할 의

무도 없으며 심지어 아무도 하라고 하지 않았는데도, 오로지 하고 싶어서 그 일을 하는 사람들이다. 그러다 보니 무언가에 대한 애정과 열정은 폭발 직전의 활화산 같은데, 그걸 담아 낼 그릇은 간장 종지 같아서 때때로 마구 넘쳐 버린다. 어쩔 줄 몰라 부딪히고 깨지지만, 그마저 신이 나는 것. 아마추어야말로 실로 순수한 애정과 두근거림의 결정체인 것이다.

프로가 되기 어려운 일에 목숨을 거는 사람들이 나온다는 측면에서 내 영화인 「오목소녀」도 소개할 만하다. 내가 영화를 제작하는 과정에서 대한오목협회의 도움을 많이 받았다고 하면 이런 이야기를 들은 사람들이 종종 묻는다.

「오목협회라는 게 진짜 있어요?」

시나리오를 쓰며 인터넷 검색을 통해 대한오목협회의 존재를 확인한 나는, 자료 조사와 협조 요청을 위해 연락을 나누었다.

오목협회 담당자분이 말했다.

「조만간 에스토니아 오목 선수들과의 친선 경기가 있으니 와보시지요.」

「네? 에스토니아요?」

찾아보니 에스토니아는 유럽의 발트 3국 중 최북단에 있는 나라로, 경기도 수원시의 인구보다 조금 많은 정도의 인구이지만 어째서인지 세계적인 오목 강국으로 꼽히는 나라였다. 그곳의 오목 국가대표 선수 몇 명이 대만에서 열리는 세계 오목 대회에 출전하기 전에 잠시 내한하여 대한오목협회의 오목 선수들과 친선 경기를 갖는다는 것이었다. 내가 모르는 사이에 이 세상에선 또 무슨 일이 벌어지고 있는 걸까?

두근거리는 마음으로 친선전이 열린다는 곳에 도착했다. 국제 경기라고 할 때 흔히 상상할 만한 그런 규모는 아니었다. 작은 카페 같은 공간에서 오목에 진심인 양국의 오목 선수들이 옹기종기 모여 앉아 오목을 두고 있었다.

오목이라고 하면 어렸을 때 시간이나 때울 겸, 심심풀이로 하곤 했던 별것 아닌 게임이라는 선입견이 있기 마련이다. 하지만 다 큰 어른들이 세상 진지하고 신중한 얼굴로, 그것도 지구 반대편에 있는 국가대표까지 불러와 오목을 두고 있는 모습을 보니, 내가 찾던 것이 바로 이거다 싶은 생각이 번뜩 들었다. 쓸모 없어 보이는 것에 목숨을 거는 사람들의 이야기 말이다.

모두가 프로가 되려 한다. 전문성이 곧 경쟁력이며, 경쟁력이 없으면 살아남기 어려운 현대 사회이기 때문에 그렇다. 그 가운데 전문성과 효율은 신화화되고, 취향과 다양성은 평가절하된다. 쓸모없는 것을 골라내고 선택과 집중을 하길 요한다. 효율적인 인간, 쓸모 있는 인간만이 의미가 있다고 말한다.

그리고 툭하면 묻는다.

「그걸 얻다 써?」

하지만 알다시피 사람은 쓸모로만 작동하지 않는다. 쓸모없는 것에 목숨을 거는, 비효율적인 아마추어가 멋있는 이유가 그것이다. 아마추어가 된다는 것은 자신의 쓸모를 스스로 정의하겠다는 선언이나 다름없다.

그래서인지 나는 아마추어의 이야기에 자주 두근거린다. 아는 기타 코드라고는 세 개뿐이지만 무대를 휘젓는 펑크 밴드라든가, 시니어 탁구 대회에 나가기 위해 새벽마다 철봉 운동을 게을리하지 않는 할아버지라든가, 좋아하는 캐릭터 코스프레를 위해 지구 반대편까지 날아가는 여고생이라든가, 종이접기를 더 잘하고 싶은 과학자라든가, 눈앞에 위기에도 승부에만 미쳐 있는 가위바위보 마니아 같은 사람들의 이야기 말이다.

무엇을 하든 무엇이 되든 가슴속에 아마추어 정신을 품는 것이 중요하다고 난 생각한다. 두근거림이 중요하다. 그런 의미에서 마지막으로 대한오목협회 소속 김규현 7단의 저서 『불패오목』의 소개 글에 쓰인 문장으로 마무리하면 좋겠다.

〈어디에 두든지 마음을 다해 두라.〉

기념일 찬양론자

나는 기념일 찬양론자다. 승화와의 기념일은 처음부터 꼬박꼬박 챙겼다. 만난 지 100일, 200일처럼 백 단위로 떨어지는 기념일은 기본이다. 1,100일, 1,111일, 1,234일 마음만 먹으면 얼마든지 새로운 기념일을 만들 수 있다. 주변에선 뭐 그런 날까지 챙기냐며 새삼스럽다는 반응을 보이기도 하지만, 나는 축하할 수 있는 건 하나도 빼먹지 않고 모두 축하하고 싶다.

가장 좋아하는 기념일은 당연히 내 생일이다. 생일이 겨우 하루뿐인 게 아쉬워 자체 생일 주간을 지정하고, 더 나아가 생월로 보낸다. 아예 촬영 때 쓰는 일촬표(일일 촬영 계

획표) 양식으로 시간표까지 짜서 생일 모임 계획을 짜기도
한다.

매일매일 생일이 아니어도 기념할 만한 일은 너무 많다. 꼭
대단한 날이 아니어도 된다. 새해에 처음 듣는 곡이 한 해
의 운명을 결정한다는 미신에 따라 다가올 새해를 기대하
며 새해에 들을 첫 곡을 신중하게 고르고, 입춘을 맞아 〈입
춘대길(立春大吉)〉을 써 붙이고, 정월 대보름에 귀밝이술을
챙겨 마시고 보름달을 보면서 소원을 빈다. 밸런타인데이
에는 ABC 초콜릿이라도 입에 하나 넣어 주고, 벚꽃 축제에
가지 않더라도 벚꽃이 핀 걸 보면 매년 찍었던 벚꽃 사진을
또 찍는다. 봄의 냉이, 여름의 빙수, 가을의 곶감, 겨울의 과
메기는 벌써 이 시기가 돌아왔군, 음미할 수 있는 좋은 기념
재료다. 절기와 개인적인 기념일과 상술로 만들어진 날까
지 기념일이란 기념일은 모두 챙기다 보면 한 해가 몹시 바
쁘다.

내가 언제부터 이렇게 기념일을 중요하게 생각했는지 모르
겠다. 한때는 생일도 크리스마스도 뭐 대단한 날이라고 난
리법석으로 챙기나, 시큰둥한 척 굴던 때도 있었으니까. 나

의 부모님도 기념일을 꼬박꼬박 챙기는 타입은 아니었다. 그들은 결혼기념일 선물로 전화기 등 필요한 가전제품을 마련하는 사람들이었고, 나와 동생 역시 크리스마스 선물로 샴푸 따위의 생필품을 받기도 했다.

그렇게 자란 내가 어쩌다 이렇게 되었는지는 모르겠지만, 나에게 기념일을 챙겨야 하는 이유는 단순하다. 우리가 언젠가 죽을 것이기 때문이다. 나는 이 생각을 정말 자주 한다. 갑자기 발생한 사고로 죽든, 병으로 죽든, 오늘 죽든 내일 죽든, 30년 뒤에 죽든, 우리는 반드시 죽는다.

대충 나이 들어서 80세쯤 죽는다고 생각했을 때, 나에게 남은 벚꽃 축제는 45번. 많다면 많은 숫자이지만, 한 해 한 해 줄어든다고 생각하면 남은 것이 아까워서 발을 동동 구르게 된다. 동생이 가능하면 미국에서 계속 살고 싶다고 했을 때도 내 머릿속에 스친 생각은 우리에게 남은 기회였다. 내가 살면서 앞으로 얘를 몇 번이나 더 볼 수 있을까?

당장 죽지 않더라도 우리는 친했던 친구와 이유 없이 멀어지고, 좋아했던 가게가 사라져서 안타까워한다. 모든 건 사라지고 끝나기 마련이고, 그건 내 힘으로 어쩔 수 있는 게 아니다. 그래서 이러한 이벤트가 우리의 삶에 흔적 남기기라고 생각하면 매우 최선을 다하고 싶은 마음이 든다. 어차피 언젠가는 다 사라질 것들, 유한한 시간 위에 우리는 가여운 흔적을 남기고 있다. 사라지는 게 너무 두려워서 하지 말라는 데도 유적지에 가서 〈누구누구 왔다 감〉이라는 흔적을 남기는 게 아닐까.

「해피해피 이혼파티」(2021)도 이런 맥락으로 시작했다. 동생은 당시 한국여성의전화에서 자원 활동을 했는데, 그곳 활동가가 어머니의 이혼 파티를 열어 드렸다며, 우리도 엄마의 이혼 파티를 열어 주면 어떨까 물었다. 박수가 절로 나올 정도로 놀라운 기획이었다. 그러게, 왜 결혼기념일은 있는데, 이혼기념일은 없지? 햇수를 세어 봤더니 때마침 그해가 부모님의 이혼 15주년이었다. 조금 애매하긴 하지만, 기념하기에 나쁘지 않은 숫자였다. 그리고 나는 이 과정을 다큐멘터리로 기록하기로 했다.

처음엔 재미 삼아 흔쾌히 동의했던 엄마는 파티를 준비하고 귀찮아하는 과정에서 굉장히 중요한 질문을 던졌다. 이미 이혼한 지 15년이나 흘렀고, 엄마는 지금 잘 지내고 있는데, 굳이 파티를 할 필요가 있나? 파티의 의미 표류에 이어 코로나19로 인해 사회적 거리 두기가 격상하면서 파티를 중단할 위기까지 처했다.

사라 폴리 감독의 다큐멘터리 「우리가 들려줄 이야기」 (2013)는 마거릿 애트우드의 『그레이스』를 발췌한 내레이션으로 시작한다. 〈본인이 등장하는 이야기는 이야기라기보다는 혼돈이라고 할 수 있다. 어두운 포효, 맹목, 산산조각난 유리 잔해, 쪼개진 나뭇조각, 회오리바람에 휩싸인 집, 빙산에 충돌한 배, 아니면 급류에 휩쓸린 배처럼 그 안의 사람들은 멈출 힘이 없다. 시간이 지나야 이야기의 형체를 갖추게 된다. 자신이나 다른 사람에게 들려줄 때에서야.〉

처음엔 그저 재밌을 것 같아서 시작했던 파티는 이혼이란 사건을 우리의 삶에서 어떻게 의미화할 것인지 질문하는 과정이 되었다. 과거에는 어떻게 다뤄야 할지 몰라 상처로 여겨졌던 사건이 시간이 지나서 재해석되고, 의미화가 되고, 이야기가 되었다.

영화에 다 담기지 못했던 긴 논의 끝에 우리는 이혼 당사자는 엄마였으나, 그 사건은 딸들에게도 큰 영향을 미쳤으므로 이혼이라는 사건은 엄마의 것만은 아니라는 결론에 다다랐다. 그리고 이혼 후 15년이나 지났기에, 성인이 된 딸들이 이혼을 〈상처〉가 아니라 하나의 분기점, 또 다른 삶의 형태로 해석해 낼 수 있는 힘이 생겼다는 것이 분명했다.

우리는 15년 동안 정상 가족이 아닌 형태로 자신의 삶을 꾸려 온 우리 모두를 축하하고 싶었다.

사실 의미는 부정하면 아무것도 아닌 게 된다. 의미는 부여하기 나름이다. 기념이라는 행위는 별다를 거 없이 이어지는 날들에 특별한 점을 찾는 행위다. 삶의 이벤트는 알아서 일어나지 않으니, 각자 자신의 이벤트를 챙기고, 나아가 서로의 이벤트가 되어 줘야 한다. 우리의 보잘것없이 짧은 삶은 그렇게 열심히 남긴 흔적들로 특별해진다.

어쩌면 무언가를 기념한다는 것은 휘리릭 흐르는 삶을 조금이라도 지연시키기 위함은 아닐까? 그러니까 무언가를 기념한다는 것은 일상을 매듭지음으로써, 삶을 의미화하는 것과 같다. 너무나 삶을 사랑하기 때문에 하는 것이다.

출근이 싫어서

초중고 시절 가장 큰 자랑거리를 고르라고 한다면, 한 번도 결석하지 않았다는 것을 고를 것 같다. 고등학교는 집에서 한 시간 반도 넘는 거리였지만 무슨 일이 있어도 매일 등교했다. 지금 생각해 보면 어떻게 그럴 수 있었는지, 대체 왜 그랬는지, 청소년 승화의 의지와 체력에 놀라기도 한다.

반면에 지각은 많이 했다. 지각인 날엔 지하철역에서부터 만나는 다른 반 친구가 있었는데, 그 친구가 보이기 시작하면 늦었구나, 생각했다. 인간 지각 시계랄까. 그 친구에게도 내가 그런 존재였었는지, 서로가 보이면 일단 뛰기 시작했다. 그래 봤자 둘 다 지각하곤 했었는데, 왜 힘들게 뛰었는지 모르겠다.

성인이 된 이후로 출퇴근이 일정한 직장 생활을 몇 번 한 적이 있었다. 당시 살던 집은 인천이었는데 일터는 대부분 서울이었다. 특히 집에서 두 시간 넘게 걸리는 강남의 신사역, 학동역까지 출퇴근해야 할 때는, 정말이지 질려 버렸다. 늦어서 택시라도 타게 되면 걸어가는 것보다 오래 걸리는, 출근 시간의 교통대란에 말이다.

밤 10시까지 야근을 하고 집으로 돌아오는 인천행 시외버스에서 소변을 참으며 나는 이런 생각을 했다. 〈출퇴근만 안 할 수 있다면 무슨 일이든 하겠어! 그것이 비록 돈 못 벌고 불안정한 일이라도!〉 그러자 프리랜서의 신이 나타나 말했다.

「콜.」

물론 뻥이다. 뻥이지만, 정말 오래지 않아 느닷없는 연락이 하나 왔다. 일전에 단편 영화 콘티 알바를 하며 만났던 PD가 전주에서 모 장편 영화를 준비 중이라며 콘티 작가로 제안한 것이었다. 강남의 한 영상 제작 업체에서 편집자로 일하며 박봉과 야근에 시달리던 때였다. 회사를 그만두겠다고 하니 대표는 그제야 연봉 인상 카드를 꺼냈지만, 나는 뒤도 돌아보지 않고 프리랜서 콘티 작가가 되어 전주로 향했다. 본격적인 프리랜서로의 시작이었다.

이후로 이런저런 일들을 하며 프리랜서로 지냈다. 딱히 출근다운 출근을 하지는 않았지만, 영화를 연출하기 위해 준비하는 기간에는 몇 달간 사무실에 출근하기도 했다. 이유는 알 수 없지만 제작사무실은 보통은 10 to 7이라 출퇴근 지옥도 비껴갈 수 있었다. 무엇보다 다행인 것은 내가 감독이라는 점이었다. 내가 좀 지각을 해도 사무실 사람들은, 〈감독이 밤새 고민이 많았나 보다〉 하며 그러려니 하곤 했다. 사실은 그냥 늦잠을 잔 것이었지만 그랬다.

그럴 때마다 나는 속으로 생각했다.

〈감독 짱이다.〉

물론 프리랜서라고 해서 뭐든 좋은 것만은 아니었다. 프리랜서 신과의 계약 때문인지는 몰라도, 돈은 별로 벌지 못했고, 수입도 꾸준히 불안정했다. 게다가 출근이랄 게 없는 반면 퇴근이랄 것도 없는 것이 프리랜서이기에 눈 뜨면 출근이고, 눈 감으면 퇴근이었다.

그래도, 역시, 아무래도 나는 여전히 압도적으로 출근하고 싶지 않다. 가끔 약속 시간을 직장인들의 퇴근 시간에 잡았다가, 만원 버스나 지하철에 끼이게 되면 온실 속의 화초처럼 지내던 나약한 프리랜서는 새삼 깨닫게 된다.

〈프리랜서가 짱이다.〉

안정적인 연봉과 직장, 좋은 집과 차를 준다고 해도, 강남에 있는 직장에 매일 오전 9시까지 출근해야 한다고 하면 절대 거절하고야 말 것이다. 그리고 언젠가 죽어서 저승에 간 뒤에 생애 전체에서 가장 잘한 것을 고르라고 한다면, 나는 출근하지 않는 삶을 선택한 것이라고 대답할 것이다.

그만큼이나 출근하기 싫다는 말이다.

산책이 좋아서

평소 주로 앉아 있는 사람들에게 산책은 필수다. 한 자세로 오랫동안 접혀 있던 몸을 펴내고, 쭈그려져 있던 관절과 근육을 천천히 움직여 바깥세상에서는 무슨 일이 일어나고 있나, 슬렁슬렁 동네를 순찰하듯 돌아다닌다. 빠르게 걷는 것이 몸에 좋다고 하지만 그렇게 되면 수다를 떨 수 없으니 적당한 속도로 걷는 편을 택할 때가 많다.

주된 코스는 두 개다. 하나는 집 주변에 있는 둘레길을 걷는 코스이고, 또 하나는 공원을 걷는 것이다.

산책할 땐 우리만의 신호가 몇 개 있다. 가장 많이 쓰이는 신호는 잡고 있던 손을 꾹꾹 누르듯 몇 번 힘주어 잡는 것인데, 이건 〈전방에 귀여움〉이라는 뜻이다. 손을 빠르고 강하게 누를수록 귀여운 정도도 크다는 뜻이다. 개, 고양이, 인간 아기 중 하나가 있다. 티를 너무 내면 당사자나 보호자가 부담스럽거나 자칫 놀랄 수도 있으니 우리끼리 작은 신호를 통해 저거 보라고 호들갑 떠는 신호다.

산책길의 큰 즐거움 중 하나는 산책 나온 강아지 구경이다. 크고 작고 중간 크기의 온갖 강아지가 있는데, 날이 좋을수록 강아지들의 출몰이 많다. 추운 겨울이 지나고 봄기운이 간질간질 느껴지던 4월, 따스한 햇볕과 살랑이는 바람을 기분 좋게 느끼던 우리는 뭔가 깨달았다. 오늘 길에서 만난 강아지들이 죄다 웃고 있다는 걸. 개를 키워 본 적 없는 나는 개도 봄이 오면 기분이 좋다는 걸 산책길을 다니면서 배웠다.

나는 동물한테 인기가 없는 편이다. 어렸을 때 친척 집 개한테 장난치다 손가락을 물린 탓인지, 언제나 개를 만나면 저 개가 나를 물지 모른다는 불안에 떨었다. 대형견이든 소형견이든 짖는 소리를 내면, 가진 것을 다 내놓을 기세로 발발 떨었다. 내가 경계하는 걸 알아서인지, 아니면 나란 사람이 딱 보기에도 따분해 보이는지 친구네 집 개, 고양이 들도 나를 별로 안 좋아하는 것 같았다. 이런 나에게 언제나 온화

한 미소를 지어 주는 강아지가 있으니, 갈색의 털을 가진 장모 치와와 J였다. J는 언제나 온화하고 그윽한 미소로 만나는 사람마다 반겨 준다. 어찌나 예쁘게 생기고 털에 윤기가 잘잘 흐르는지, 건널목 앞에서 기다릴 때면 주위 사람들이 예쁘다는 말을 꼭 한마디씩 한다. J가 예쁜 탓에 귀찮을 정도로 많은 사람이 말을 걸 텐데도, J의 보호자인 할머니께서도 온화한 미소로 사람들에게 인사해 주신다. J와 할머니의 미소를 받고 나면 덩달아 기분이 좋아진다. 그래서 나는 힘든 일정을 마치고 돌아오다가 J와 할머니를 만나면 있는 힘껏 달려간다. 〈안녕하세요, J한테 인사해도 되나요?〉

산책 중 우리가 주로 하는 대화는 〈만약에〉 놀이다. 만약에 좀비가 나타나면 어떡할 거야? 만약에 내가 강아지가 되면 어떡할 거야? 만약에 우리가 밟은 돌이 지금껏 역사적으로 아무도 건드린 적 없는 것인데 그걸 우리밖에 모르면 어떡할 거야? 만약에 조선 시대에서 미래로 시간 여행 온 사람이 산책길에 나타나서 도와 달라고 하면 믿어 줄 거야?

　나는 대화를 하다가 갑자기 멈춰 서서 바닥을 내려다본다. 계절별로 다른 곤충들이 지나다니기 때문이다. 곤충을 싫어하는 사람이 많지만 나는 별로 곤충을 무서워하지 않는다. 오히려 내가 모르는 세계에 이렇게 열심히 살아가는 곤충들이 신기할 뿐이다.* 여름밤 산책에는 지렁이들이 땅 밖으로 많이 기어 나왔다. 산책하는 사람, 달리는 사람에게 밟히거나 제때 흙으로 돌아가지 못해 죽은 지렁이들이 많았다. 인스타그램에서 홍익대학교 학생들의 지구대(지렁이 구하기 대작전의 줄임말) 활동을 보고 감명받은 나는, 기다란 나뭇가지와 함께 산책길에 만난 지렁이들을 흙 위로 옮겨 주었다. 비가 오고 난 다음은 도와줘야 할 지렁이가 너무 많아 산책이 오래 걸렸다. 내가 말했다.

「지렁이가 나중에 은혜를 갚으면 좋겠다.」

듣고 있던 승화가 다른 가설을 제시했다.

「만약에 말이야⋯⋯. 순아가 지렁이가 가려는 곳과 반대 방향으로 옮겨 줬으면 어떡해? 그래서 지렁이가 몇 날 며칠이 걸려 여기까지 왔는데, 순아가 도루묵으로 만든 거라면 말이야.」

생물학자들의 연구에 따르면 지렁이는 1년에 불과 5미터에서 10미터밖에 이동하지 못한다고 하니까, 승화의 말이 맞다면 나는 지렁이의 보은이 아니라 복수를 기다려야

* 승화: 그래서 우리 집 공식 벌레잡이는 순아다. 난 곤충이 무섭다. 새랑 물고기도.

한다. 제발 지렁이가 가고자 하는 방향과 내 도움이 일치했기를, 괜히 지렁이한테 원한을 사지 않았기를 자기 전까지 기도했다.

지금 내가 사는 동네는 애초에 내가 살려고 했던 곳이 아니었다. 나는 원래 홍대나 합정 같은 곳에 살고 싶었다. 친구들이 대부분 거기 살았고, 그곳이 세상의 중심처럼 느껴졌기 때문이다. 지금 동네는 정말 가벼운 마음으로 집을 알아보러 들렀다가 지금 사는 집이 마음에 들어 살게 되었다. 이 동네에 이렇게 오래 살게 될 줄 몰랐고, 이 동네를 이렇게 좋아하게 될 줄 몰랐다. 동네는 매일 바뀌어 간다. 나무의 이파리도, 지어지는 아파트의 높이도, 벽에 쓰인 낙서도. 승화와 나는 함께 산책하러 다니며 굳어 있던 몸을 펴고, 슬렁슬렁 동네를 산책하며 오늘은 뭐가 달라졌나 꼼꼼히 들여다본다. 자주 궁금해하고 들여다보는 것, 그게 우리가 이 동네를 사랑하는 방식인 것 같다.

혼자서 2

어느 날 순아가 또 말했다. 「올해는 어디로 갈래?」

연애 10주년 기념으로 나를 혼자 여행 보낸 뒤로 1년 만이었다. 이번엔 날 어디로 보낼 거냐고 물었지만, 순아는 〈뭘 알면서〉 하는 눈빛만 보내고 대답하지 않았다. 아무래도 저번처럼 여행 당일이 되어야만 알 수 있을 것 같았다.

혼자서 이런저런 추리를 해봤다. 내가 버스를 오래 타는 걸 싫어한다는 걸 알기에 웬만하면 KTX로 갈 수 있는 지역임은 틀림없었다. 지난번엔 목포였으니, 이번엔 경상도나 강원도 쪽이려나 막연하게 생각했다. 밥 먹다가 말고 순아가 갑자기, 〈여권 기간 남았지?〉 했을 때는 겉으론 아무렇지 않은 척했지만, 속으론 식은땀을 흘리기도 했다.

이번에도 여행 당일이 되어서야 내가 서울역으로 가야 한다는 걸 알았다. 서울역에 도착해 순아에게 KTX 표를 메시지로 전달받았다. 이렇게 쓰여 있었다.

출발지: 서울 〉 도착지: 광주

광주? 광주라니, 예상 못 했다. 허를 찔린 기분이었다. 이번에도 2박 3일이었다. 게다가 이쯤에서 또 놀라운 이야길 하나 하자면, 작년 혼자서 여행 때 중간 마감을 하던 소설을 이때까지 마무리하지 못해 여전히 쓰고 있었다. 그래서 이번 역시 마감에 쫓긴 채로 숙소에 꼼짝없이 갇혀 글을 쓸 수밖에 없었다.

이번 숙소는 조금 의외였다. 에어비앤비로 운영되는 작은 오피스텔이었는데, 최신식이고 깔끔한 시설이었지만 지난번과 같은 글쓰기에 최적화된 숙소 느낌은 아니었다. 광주에는 몇 번 와본 적이 있었지만 이 지역은 처음이었다. 게다가 주변에도 딱히 맛집이랄까, 구경거리랄까 하는 것이 없는 지역이었다. 숙소에서 마감만 열심히 하라는 뜻인 걸까? 이틀간 진짜로 글만 열심히 썼다.

돌아오기 전날 오후였다. 순아가 준비한 〈순아 투어〉가 있
으니 준비하라고 연락이 왔다. 숙소 인근에 가볼 만한 곳이
라고는 5·18기념공원과 무슨 저수지뿐이었는데, 12월이
었으므로 추위를 많이 타는 나는 옷을 단단히 껴입었다. 나
가려고 하는데 순아에게 문자 메시지가 왔다.

─ 양말 사진을 찍어서 보내.

양말? 설마 저수지에라도 들어가라고 하는 걸까 싶어서
순간 놀랐다. 내가 신고 있던 수면 양말을 사진 찍어서 보냈
더니, 당장 다른 양말로 갈아 신으라고 했다. 양말이 중요하
다면서. 멀쩡한 양말로 갈아 신고 다시 찍어 보냈다.

다음은 이후 순아와 나눈 문자 메시지 내용이다.

─ 조아, 이제 나가! 얼른 나가!

(1층으로 나와서)

─ 나왔어.

─ 팔 벌려 뛰기를 30번을 해야 해. 다 하면 알려 줘!

─ ?? 추운데…… 알았어.

(팔 벌려 뛰기를 하고 나자)

─ 7811.

─ 힌트야? 방 탈출 같다. ㅎㅎ

─ 쏘나타!

—엥?

—빨리!!! 7811 쏘나타!!!

도대체 뭐가 뭔지 모르겠지만 문자 메시지에서 다급함이 느껴졌다. 7811 쏘나타라면 자동차 번호인 거 같은데, 자동차가 나를 기다리고 있다는 건가 싶어 주위를 두리번댔지만 아무것도 없었다. 그러자 순아에게 지도 사진이 하나 왔다. 콜택시였다. 지도에 표시된 대로 건물 뒤로 돌아가자 정말 7811 쏘나타 택시가 나를 기다리는 중이었다. 느닷없이 첩보 영화의 주인공이라도 된 기분이었다.

택시에 타자, 택시가 출발했다. 어디로 가는 건가 싶어서 기사님께 물어봤다.

「기사님, 혹시 목적지가 어디로 되어 있나요?」

답변은 더 황당했다.

「ㅇㅇ어린이집이요.」

내가? 어린이집에?

지도 앱을 켜서 ㅇㅇ어린이집을 검색해 봤다. ㅁㅁ아파트 단지 내에 있는 어린이집이었다. 나는 「셜록」의 셜록처럼 머릿속의 단서들을 총집합하여 내게 벌어진 일에 대해 알아내려 애썼다. 글 쓸 때는 죽어도 안 돌아가던 머리가 위기에 처하자 꽉꽉 돌아갔다.

〈아파트가 목적지? 양말이 중요하다고? 여기는 광주……
광주의 아파트?〉

헉!

순간 머릿속에서 모든 수수께끼가 퍼즐처럼 맞춰졌다.
몇 달 전 순아 혼자 광주에 간 적이 있었다. 광주에서 활동
하는 영화감독인 허지은, 이경호 두 분의 집에 하루 묵으며
놀다 온 것이었다. 두 분이 아파트에 사신다고 했었다. 양말
은 남의 집에 들어가니까 (혹시라도 빵구 난 거 신어서 창피
하지 말라고) 확인한 거였다. 그런데 팔 벌려 뛰기는 왜 시
킨 거지? 그건 아마도 그냥 운동 좀 하라고 한 것일 것이다.

확실해졌다. 이 택시는 두 감독님의 집으로 가는 택시였
다. 내가 수수께끼를 풀었다는 내용의 문자 메시지를 보냈
더니, 순아에게 답장이 왔다.

— 오늘 밤 즐길 준비 돼써???

감독님들의 집으로 가는 택시 안에서 문득 작은 걱정이 생
겨났다. 허지은, 이경호 감독님과 꾸준히 친분이 있었던 순
아와 달리, 나는 몇 년 전 영화제에서 만나 뵌 이후로 호감
만 가지고 있을 뿐, 이렇다 할 친분까지는 없는 사이였다.

특히 나처럼 낯가리는 성격의 사람이, 갑자기, 혼자, 두 분의 본거지에서 오늘 밤을 즐겨야 한다니. 두 분은 괜찮으신 걸까? 어디까지 어떻게 이야기가 된 거지? 어색해서 죽어 버리진 않을까?

태산처럼 커진 걱정을 품고 택시에서 내렸다. 두 감독님이 어린이집 근처 풀숲에 비밀 요원처럼 숨어 계셨다. 나는 진작에 그 모습을 목격하고도 어떻게 대처해야 할지 난감하여 못 본 척 괜히 두리번거렸다. 잠시 그러고 있자 두 분이 슬며시 다가오셔서 인사와 함께 말했다.

「순아 감독님에게 받은 지령이에요.」

그러더니 핸드폰으로 내 사진을 찍으셨다.[*]

두 분의 집 거실에는 진수성찬이 차려져 있었다. 직접 요리하신 전골과 육전 등의 음식과 함께, 순아가 택배로 미리 보내 두었다는 과메기도 있었다. 식사와 곁들인 와인 몇 잔을 마시며, 두 감독님께 듣게 된 사건의 경위는 이랬다.

몇 달 전 순아가 갑자기 연락을 해왔다고 했다. 몇 월 며칠에 나를 그 집에 초대해도 되겠냐는 것이었다. 이에 기

---

[*] 순아: 두 감독님께 승화를 만나면, 〈백승화 요원이라고 불러 주실 수 있나요?〉라고 말씀드려 봤지만, 〈차마 그것까지는……〉 하고 거절당했다.

꺼이 허락해 주신 두 감독님은 비밀 작전을 수행하는 기분으로 내가 오기를 기다리며 손수 음식을 준비해 두신 것이었다.

나는 몸 둘 바를 몰랐다.

걱정과 달리 뜻밖의 만남은 너무나 즐거웠다. 언제 걱정을 하긴 했었나 싶은 정도였다. 두 감독님 덕분이었다. 대화를 나눌 때 가장 좋은 상대는 풍부하고 적절한 리액션을 해주는 사람이라고 생각해 왔는데, 두 분이 바로 그런 분들이셨다. 나의 엉성한 이야기에도 흥미를 갖고 들어 주시니, 나는 신이 나서 평소에 잘 말하지 않는 시시콜콜한 생각들과 좋아하는 만화, 스포츠, 게임, 어릴 적 이야기 들까지 잔뜩 떠들어 버렸다. 또한 두 분 모두 상냥한 달변가인 데다 영화인 커플이라는 공통점까지 있다 보니, 와인 두 병과 냉장고 속 맥주를 모두 마실 때까지 대화가 끊이지 않았다.

순아도 밤 11시쯤엔 숙소로 돌아갈 거라고 생각했던 내가 새벽 2시가 넘도록 두 분과의 수다를 즐기자 놀랐다. 그만큼 즐거운 시간이었다.

이날의 이벤트는 내게 많은 생각을 하게 했다. 나를 속이기 위해, 깜짝 놀래 주기 위해, 근질거리는 입을 몇 달간 참아 냈을 순아의 사랑스러운 시간과 이상한 커플의 이상한 이 벤트에 기꺼이 참여해 주시고, 선뜻 마음을 내주신 허지은, 이경호 두 감독님의 다정한 선의 덕분에 최고의 선물을 받고야 만 것이었다.

새벽에 돌아온 숙소에서 술 취한 채로 잠이 들면서 나는 그런 생각을 했다. 이 상냥하고도 멋진 밤을 순아에게도 꼭 맛보게 해주고 말리라!

언젠가 반드시 되갚아 주리라.*

---

* 순아: 나는 사실 서프라이즈를 좋아하지 않는다. 간이 쌀알만 하기 때문이다.

영화 꿈과 새벽의 촬영장

순아 보통은 수능이랑 군대 꿈을 많이 꾸잖아.

승화 트라우마 때문인가?

순아 나는 수능을 안 봐서 수능 꿈은 안 꿔. 근데 학교 꿈은 많이 꿨어. 자퇴하고 나서 그런 것 같아.

승화 나는 군대 꿈은 지금도 가끔 꾸는데, 맨날 제대까지 한 달밖에 안 남았어. 근데 그 한 달이 너무 억울한 거야. 왜 또 왔지? 하면서. 그리고 또 드럼 치는 꿈을 자주 꿔. 근데 이상하게 늘 드럼 스틱이 없어, 공연이 시작되는데 뭘 연주해야 할지 모르겠다거나.

순아 신기하다.

승화 영화랑 관련된 꿈도 꿨다고 하지 않았어?

순아　내가 처음 영화 할 때 주로 스크립터를 했었잖아.

승화　응.

순아　촬영 순서가 왔다 갔다 하고, 급할 땐 인서트 같은 건 뒤로 밀리기도 하니까, 혹시라도 안 찍은 건 없는지 스크립터가 챙겨야 하는데 그게 나한테 부담이었나 봐. 촬영 끝나고 뒤풀이 가서 새벽까지 술 마시다 잠들었는데, 갑자기 내가 벌떡 일어나서…… 〈우리 인서트 찍어야 돼요!〉 그랬어.

승화　(웃음) 사람들이 뭐래? 그러면.

순아　어이없어했지. 〈무슨 소리야? 우리 뒤풀이까지 다 했잖아!〉

승화　너무 귀엽고 약간 콩트 같다. 안타깝기도 하고.

순아　또 한번은 꿈에서 하드가 뻑이 나서 촬영본이 날아간 거야. 근데 그게 꿈인지 전혀 모르고, 놀란 마음에 새벽에 PD한테 연락하려다가, 서서히 정신이 돌아온 거지. 그래서 다시 잤어.

승화　「잃어버린 외장하드를 찾는 이상한 모험」(2020)이 그런 내용이잖아.* 영화인들한테 일어날 수 있는 가장 끔찍

---

* 승화가 코로나19 시기에 제작 지원을 받아 친구들과 함께 만든 단편 영화. 영화인인 주인공이 잃어버린 외장하드를 찾다가 집 안에 숨겨진 이상한 세계로 가버리는 모험극이다.

한 일이 뭘까, 아무래도 촬영 소스가 담긴 하드를 잃어버리는 게 아닐까 해서 시작한 영화지.

순아 심지어 내 것도 아니고, 친구 걸 잃어버리잖아.

승화 실제로 영화를 오래 찍다 보면 약간 좀 몽롱해지잖아. 그래서 꿈이랑 헷갈린다는 게 왠지 이해돼.

순아 잠도 부족하고 그러니까.

승화 맞아. 그래서 한참 찍다가 둘러보면, 나뿐만 아니라 현장 전체의 분위기가 몽롱할 때가 있어. 다들 굉장히 지쳐 있고, 틈만 나면 어디 앉아서 졸고 있고. 그런 분위기가 약간 꿈이랑 비슷한 것 같아. 그런데 웃긴 건 그래도 감독하고 촬영 감독은 안 지쳐. 뭘 찍긴 해야 하니까.

순아 (웃음) 그 얘기 웃겼는데. 어느 촬영 현장에서 너무 지연이 되니까 사람들 다 지쳐서 잠들었는데 감독, 촬영 감독, PD, 배우, 네 사람끼리만 막 계속 찍고 있더라는 거야. 영화에 미친 사람들처럼.

승화 (웃음) 「지옥이 뭐가 나빠」(2013) 생각나.

순아 그것도 있다. 「추석 연휴 쉽니다」 준비할 때 〈다정〉 역 캐스팅으로 한참 고민할 때였어. 꿈에서 제작진 회의를 하는데 누가 〈고양이가 하면 어때요?〉라는 거야. 그래서 내가 〈고양이가 그걸 어떻게 해요?〉 이랬는데, 다들 〈와, 너무 좋은 생각이다!〉 하는 거야. 그러더니 어디선가 갑자기 고양이가 들어와서 〈먀옹~〉 연기를 해. 나는 애가 어디서 온 거지? 싶은데, 나만 빼고 다들 〈와, 너무 딱이다~〉 이러면서 손뼉을 치고.

승화　(웃음) 넘 웃겨! 정말 많이 뀄네. 영화 꿈을.

순아　부담을 잘 느껴서 그런가?

승화　나는 그런 꿈은 가끔 꾼 적 있어. 꿈에서 내가 감독이고, 모니터 앞에 앉아 있는데 뭘 찍고 있는지도 모르겠고, 시나리오도 없어. 근데 자꾸 빨리 뭘 찍어야 한대.

순아　최근 몇 년은 장편 영화를 찍어야 한다는 압박을 느껴서 그런지, 갑자기 꿈에서 내가 장편 영화감독이 되어 있는 거야. 이미 절반은 찍었대. 대체 어떤 영화를? 떨리는 손으로 내가 찍고 있는 시나리오를 펼쳤는데, 무슨 이상한 로맨틱 코미디인데 시나리오가 개구린 거야. 그래서 속으로 막 고민하는 거지. 내가 이딴 걸로 데뷔해도 되나, 이게 입봉작이면 오히려 앞으로 다신 영화를 못 찍을 것 같은데……. 그런데 강유가람 감독님이 스크립터로 도와주러 와 계신 거야. 그래서 내가 믿는 사람이니까 〈감독님, 제가 뭘 찍어야 되는지 모르겠어요〉 했더니 강유가람 감독님이 〈괜찮아요, 감독님. 저도 그랬어요. 원래 그래요〉 이러셔서,

〈아니요! 저는 진짜 뭔지 모르겠다니까요?!!〉하다가 꿈에서 확 깼지. 데뷔하지 않아서 정말 다행이라고 생각했어.

승화　확실히 그런 부담감이나 트라우마 같은 게 꿈에 나오나 봐. 특히 영화를 찍기 전에는 그런 불안함이 되게 크잖아. 그런데 막상 찍는 도중에는 찍는 데 몰두하니까 불안한지도 잘 몰라. 그리고 너무 피곤하기도 하고, 디프 슬리프 해서 꿈도 안 꾸고. 그리고 아예 그때의 기억도 잘 없는 것 같아. 사람들이 항상 영화 찍으면서 재미있는 에피소드 없었냐고 물어보는데, 뭔가 있었을지도 모르겠지만 지나고 나면 기억이 하나도 안 나. 그때의 기억 자체를 아예 날려버리는 그런 느낌이 있어.

순아　힘들어서 그런가 봐.

승화　너무 힘든 얘기만 했나? 현장에서 좋았던 것도 많이 있을 거야. 기억이 안 나, 그런데. (웃음)

순아　촬영 갈 때, 나는 그런 거 좀 좋았거든. 보통 콜 시간이 오전 7시까지면 남들 출근하기도 전에 나가야 하잖아. 새벽 공기도 차고, 촬영장에 도착해서 스태프들이 각자 준비를 해가고 워밍업을 하고, 점점 동은 터오고 그런 거.

승화　맞아. 새벽 촬영장의 공기가 있어. 아침으로 김밥 먹고, 장비 내리고 있고. 오늘 촬영할 것에 대한 약간의 긴장감과 고민과 생각이 주변에 뭉쳐져 있고. 그게 나름 매력적이고 중독적인 느낌도 있어.

순아　다 같이 촬영을 준비하는 부산스러운 분위기에서, 촬영에 들어가게 되면 또 엄청나게 조용해지잖아. 수십 명의 사람들이 조용히 각자 자기 일을 하면서 어떤 한 장면을 만들어 간다는 게 되게 멋지고 감동적이고. 또 촬영 마치고 룸 톤* 딴다고 하면, 「망각의 삶」에서처럼 몇 분 동안 다들 쥐 죽은 듯 조용히 있는데, 실제 일상에선 그렇게 여러 사람이 아무 소리도 내지 않고 가만히 있는 경우는 없잖아.

승화　약간 〈무궁화 꽃이 피었습니다〉에서처럼 멈춰 있잖아. 그리고 그 와중에도 조용히 사부작 거리면서 자기 뒷정리하는 사람들도 있고, 나도 「망각의 삶」에서 룸 톤 따는 마지막 장면을 가장 좋아해. 영화 내내 생난리들을 치다가 마지막에 무언가를 위해서 모두 집중해서 조용해지는 순간이 예상치 못하게 감동을 주잖아. 실제 영화 현장의 어떤 포인트를 영화적으로 잘 표현한 것 같아. 그 이후로 실제로 룸 톤 딸 때마다 좀 다르게 느껴져. 영화 현장에도 낭만이란 게

---

* 방이나 공간에서 자연스럽게 발생하는 소리(바람, 먼지, 소음 등). 이를 녹음하여 믹싱 때 사용함으로써 영상의 현장감과 현실감을 높여 주는 데 쓴다.

꽤 있네!

순아 그러니까 이게 늘 같이 있어서, 영화 찍고 나면은 한
동안 사람을 만나고 싶지 않잖아. 워낙 하루에 열두 시간씩
좋은 사람, 싫은 사람 다 부대끼고 하니까. 그리고 현장에서
싫은 사람이랑 온종일 같이 있어야 되면 진짜 지옥이 따로
없잖아. 그렇지만 가만 보면, 영화 현장에 사람들이 모여 있
어서 괴롭지만, 또 모여 있어서 발생하는 어떤 감동이 있다
는 생각이 들어. 모든 걸 통제하려고 하지만 통제되지 않아
서 발생하는 아름다움이 화면에 담길 때도 그렇고.

승화 맞아. 다른 사람과 함께 만들어야 한다는 불확실성
이야말로 영화 제작의 매력이니까.

4
갈팡질팡

5시부터 7시까지의 울기

촬영을 하지 않을 때 우리의 일과는 다음과 같다. 일어나서 아침을 먹고 커피를 내린 뒤 각자 컴퓨터 앞에 앉아서 작업을 하고, 점심을 먹고 각자 컴퓨터 앞에 앉아서 작업을 하고, 저녁을 먹고 다시 각자 컴퓨터 앞에 앉아서 작업을 하고, 시간이 벌써 이렇게 되었군 싶으면 잠을 잔다.

올봄부터 이 과정에서 하나가 추가되었다. 바로 〈울기〉다. 마감은 하루하루 다가오는데 내가 쓴 것이 너무 형편없을 때, 너무 형편없는 나머지 도저히 한 글자도 더 쓰지 못할 때 운다. 형편없는 자신을 견디는 게 힘들어서, 지난해서, 무슨 영광을 보겠다고 이러고 있나 싶어서 침대 위에 누워 눈물을 뚝뚝 흘리고 있으면 승화가 와서 위로한다.

「울지 마, 기운 내서 쓰면 되지.」

위로를 건넸지만 받지는 못하겠기에 속으로 외친다. 난 너무너무 불행해! 이러다 입봉도 못 하고 늙겠지! 아무도 내 작품을 보고 싶어 하지 않을 테니까!! 게다가, 누가 나보고 〈남순아는 너무 착해서 공포 영화 못 해〉라고 했다는 얘길 전해 들었다. 내가 착하면 착하지, 공포 영화를 못 한다고? 참나, 어디 한번 나쁜 모습 보여 줘? 그리고 나 그렇게 안 착하단 말이야! (주먹을 쥐며) 두고 봐, 내가 못돼 먹은 모습을 보여 주고 말 테니까!

초현실주의 영화의 거장 루이스 부뉴엘은 「안달루시아의 개」(1929)라는 작품으로 데뷔했다. 첫 상영일, 부뉴엘은 영화를 본 관객들이 야유하면 그들에게 던지려고 주머니에 조약돌들을 준비해 갔다고 한다. 일본의 만화가 아소 슈이치는 자신의 만화를 보고 〈재미없다〉라고 말하는 사람을 게임기도 아무것도 없이, 달랑 백열전구 불빛밖에 없는 감옥에 가두고 싶다고 했다.* 그대로 1년쯤 방치한 후, 감옥에 슬며시 자신의 만화를 밀어 넣어 오락에 굶주린 그 사람이 백열전구 불빛에 의지해 필사적으로 그걸 읽는 꼴을 다른 방에서 커피를 마시며 바라보고 싶다고 했다. 부뉴엘이

* 『사이키 쿠스오의 재난』 3권 〈작가의 말〉 중에서.

204

주먹부터 나가는 행동파라면, 슈이치는 상상 속에서도 치밀하고 구체적인 복수를 계획하는 이우진(「올드보이」의 유지태)이다. 나는 부뉴엘에 가까운 편이다. 누가 내 시나리오가 재미없다고 하면, 나도 돌로 두둑해진 주머니를 매만질 것이다.

겨우 일어나서 대사 한 줄을 썼는데 너무 구리다. 창문 밖으로 뛰어내리고 싶은 걸 꾹 참는다. 나는 이것만큼 잘하고 싶은 게 없는데 잘하질 못해서 괴롭다. 훌쩍이며 시작했던 울기는 점점 서러워져서 나는 그만 엉엉 울고 만다. 이렇게까지 울려고 했던 건 아니었는데, 이왕 이렇게 된 거 그냥 속이 시원해질 때까지 계속 운다.

속이 시원해질 때까지 울다 보면, 별안간 헛웃음이 터지고 만다. 시나리오 쓰다가 나처럼 이렇게 우는 사람이 또 있을까? (다행히 많은 것 같다.) 나처럼 여러 번 우는 사람도 있을까? (부디 많기를 바란다.) 그래도 운도 좋지. 이게 지금 나의 가장 큰 불행이고, 슬픔이라니. 참 다행이다. 생각이 여기까지 닿게 되면 〈까불지 말자!〉 정신 차리며 다시 벌떡 일어난다. 오늘 흘릴 눈물은 이제 다 흘렸고, 내일의 눈물은 내일 또 흘릴 것이므로.

비타민 먹는 법

저녁 시간에 순아와 함께 집 근처에 있는 작은 영화관에서 영화를 보고 집에 들어왔다. 마지막 장면에서 살짝 눈물이 날 뻔도 했는데 잘 참았다. 나는 오늘따라 컨디션이 영 좋지 않아 내내 삐거덕댔는데, 그런데도 어쩐지 술이 마시고 싶어서 순아가 좋아하는 고등어회를 시켜서 함께 술을 마셨다.

술을 마시면서 오늘 본 영화에 관한 이야기를 한참 나누었다. 각자 인상적이었던 장면과 그 이유에 대해서 말하고, 감독의 능수능란한 연출과 남다른 시선에 감탄하고, 영화의 동시대성에 대해서도 이야기했다. 그리고 곧 대화는 우리가 어떤 영화를 만들고 싶은지, 또 무엇을 고민하는 중인

지까지 이어졌다.

문제는 그다음이었다. 술자리를 마치기 전에 내가 문득 물었다. 왜 그랬는지는 모르겠다.

「내가 갑자기 사라지면 어떡할 거야?」

「찾아야지.」

「찾을 수 없으면? 갑자기 죽거나 그런 거면?」

괜히 물어봤다. 순아는 내가 죽으면 자신도 따라 죽을 거라며 울었다.

평소에 순아는 내가 나이 들어 먼저 죽고 나면 자신은 새로운 젊은 영감을 만나겠다고, 그러면서 나보고는 자신이 먼저 죽더라도 새로운 할멈을 만나지 말라고, 귀신이 되어 지켜보겠다고 말하곤 했지만, 이날은 술 때문인지 불쑥 울어 버린 것이었다.

순아는 종종 내가 먼저 죽을까 봐 걱정한다. 나는 아직 40대밖에 안 되었는데도, 30대의 순아가 보기엔 살날이 얼마 안 남은 사람처럼 보이는가 보다. 아무튼 의도치 않게 순아를 울려 버린 나는 뒤늦게 달래야만 했다.

「나는 삼백 살까지 살 거야. 걱정하지 마.」

「못 그럴 거 같아. 하는 거 보면.」

순아는 내 비규칙적 생활 습관을 탓하며, 눈물을 주렁주렁 단 채 비타민을 하나씩 먹자고 가져왔다. 긴 알약 형태로 된 비타민이었다.

순아가 고개를 들고 비타민을 삼키려 하는데, 그게 잘 안 되는지 물만 삼키고 비타민은 남았다.

「그럴 땐 고개를 숙여서 삼켜야 돼.」

고개를 살짝 숙여야 식도가 넓어져 알약을 더 잘 삼킬 수 있다고 내 나름 과학적인 주장을 했지만, 순아는 끝끝내 고개를 들고 삼켰다.

그게 아니라니까. 내가 없으면 안 되겠다.

오래 살아야겠다.

왓츠 온 마이 데스크

영화「거북이는 의외로 빨리 헤엄친다」(2005)의 주인공 스즈메(참새라는 뜻)에게는 구자쿠(공작이라는 뜻)라는 친구가 있다. 이름처럼, 구자쿠는 스즈메보다 뭘 하든 뛰어나다. 결정적으로는 가방에 붙이는 스티커. 구자쿠 건 누가 봐도 멋지고, 스즈메의 것은〈촌스러움의 극치〉를 달린다. 스즈메는 말한다.〈스티커 붙이는 센스가 인생의 센스이기도 한 거다.〉

〈오늘의집〉에서 이렇게 살아 보고 싶을 정도로 예쁜 집을 구경하거나, 자기만의 패션 스타일을 뽐내는 사람을 볼 때 나는 종종 이 장면을 떠올린다. 하지만 스스로가 미적 감각이나 미적 실천을 이루려는 의지조차 부족하다는 걸 잘 알기에, 참새에게는 참새만의 귀여움이 있는 법이라며 그 냥 지금에 만족하기로 한다.

이런 내가 가물에 콩 나듯 꾸미기에 관심을 가질 때가 있는 데, 바로 〈책상 꾸미기〉다. 책상 꾸미기라고 했을 때, 다른 사람이라면 책상을 예쁘게 꾸미는 걸 말하겠지만, 내 책상 꾸미기는 기복(祈福) 행위에 가깝다. 제발 글을 잘 쓰게 해 달라고 비는 복.

나만 빼고 다른 사람은 글을 술술 써낸다고 느낄 때마다, 영혼을 팔든 좋은 선생님을 만났든 자기들끼리만 글쓰기의 비법을 알고 있다는 의심을 지울 수 없다. 세상에 이야기꾼 이 이토록 많은데 글 쓰는 게 이렇게나 어려울 리 없다, 다 들 뭔가 비법이 있는데 알려 주지 않는 게 분명하다, 그러니 나도 그 비법만 알아내면 글을 잘 쓸 수 있을 거라는 근거 없는 의심. 영생불멸을 꿈꾸며 불로초를 찾아다닌 진시황 의 심정을 알 것만 같다.

글 쓰는 사람에게는 책상이 중요한데, 내 책상은 벌써 10년도 지난, 자취생의 친구 소프시스 위더스 멀티 책상 1200이다. 글이 안 써질 때마다 종종, 지금 내가 글을 쓰지 못하는 건 소프시스 탓일지도 모른다고 생각한다. 내게도 무겁고 단단한 좋은 원목 책상이 있다면, 어쩌면 나도 글을 잘 쓸 수 있을지도 모른다고(그러나 이후 월셋집에서 이사 갈 걸 생각하면, 아직은 때가 아니라며 고개를 젓게 된다).

그래서 간혹 다른 감독이나 작가의 인터뷰 기사 사진에 그들의 작업실이 공개될 때면, 그들의 책상 위 아이템을 유심히 살펴본다. 대부분 인물에게 초점이 맞기 때문에 포커스가 나가서 잘 보이지 않지만, 눈을 가늘게 뜨고 자체적으로 초점을 맞춰 그가 가진 아이템이 무엇이며, 읽고 있는 작법서는 무엇인지까지 알아낸다. 마치 내가 지금 글을 쓰지 못하는 이유가 마법의 장비를 손에 넣지 못해서인 것처럼.

그리고 제발 나도 글쓰기의 비법을 알아낼 수 있길 기도하며 마법의 아이템들을 장바구니에 담는다. 그게 키감이 좋다는 키보드이든, 손목 터널 증후군을 막는다는 마우스든, 허리를 곧게 펴고 앉게 해준다는 의자이든, 눈의 피로를 덜어 준다는 조명이든, 집중력을 높여 준다는 에센셜 오일이든. 값비싼 장비를 지른다고 해서 효과가 있는 건 아니다. 이렇게 비싼 아이템을 질렀으니 뭐라도 효과를 보고 싶은데, 그냥 비싼 아이템으로 글을 못 쓰는 사람이 된다.

내가 존경하는 김유원 작가는 아침에 일어나서 아무것도 보거나 읽지 않은 채, 깨끗한 머리로 컴퓨터 앞에 앉아 글을 쓴다고 한다. 아침도 글 쓰면서 먹는다. 일어나자마자 글을 쓰는 이유는 빨리 일을 마치고, 오후에는 놀고 싶기 때문이다.

〈나도 놀고 싶은데……〉라며 감탄한 나는 바로 그 실천을 따라 해봤다. 그래, 마법의 아이템이 아니라 루틴을 찾아야 했던 거였어! 그러나 나는 오전에 일을 끝내지 못한다. 작업 진척도가 낮아 점심 먹고도 쓰고, 조금 울다가 저녁 먹고도 써야 겨우 조금 써낸다. 역시 나 빼고 모두 비법을 알고 있는 게 틀림없다.

나와 달리 승화는 글이 써지지 않을 때마다 온갖 글쓰기 툴을 섭렵한다. 마치 새로운 툴이 있으면 작업이 술술 풀릴 것처럼. 워드 프로세서, 노션, 베어, 옵시디언, 율리시스, 구글독스, 스크리브너를 비롯한 각종 메모 앱 등등. 그럼 나는 〈태초에 불을 처음 발견한 사람의 옆 사람〉처럼 승화가 먼저 기미(氣味)해 보길 기다린다. 여러 실패를 거쳐 만족할 만한 툴을 찾아낸 승화가 흡족한 기분을 느끼며 나에게 알려 주고 싶어서 온몸이 근질거릴 것을 알기 때문이다. 그럼 나는 〈아, 이런 거 필요 없는데……〉라며 못 이기는 척 승화가 찾아낸 새로운 툴을 사용해 본다(웃기게도 지금은 둘 다 맥용 기본 문서 프로그램인 페이지스로 돌아왔다).

아이템과 아직 읽지 못한 작법서를 제외하고 내 책상을 채우고 있는 것은 포스트잇들이다. 몇 년째 붙어 있는 것도 있고, 이제는 봐도 별 감흥이 들지 않아 떼어 낸 것도 있다. 2025년 현재, 내 책상에서 살아남은 포스트잇 몇 개를 소개해 보겠다.

일단 대충 빨리

가장 최근에 붙인 포스트잇. 작업을 시작하기 전, 나는 잠시 기도하는 시간을 가진다. 기도의 대상이 누구인지는 모른다. 누구든 부디 나를 가엾게 여기는 신이 있기를 바랄 뿐이다. 오늘도 제 글의 후짐을 받아들일 수 있게 해주시옵고, 쓰레기를 쓰기를 두려워하지 말게 하옵시고, 쓰레기를 쓰는 것보다 마감을 더욱 두렵게 하옵시고……

모든 건 기세

2024년 6월, 3박 4일 동안 중국 사천으로 여행을 다녀왔다. 듀오링고로 몇몇 문장을 공부했지만(예를 들면 〈나는 중국어 선생님입니다〉 같은 것들), 중국 여행에서 익히게 된 중국어는 〈팅부동〉(〈못 알아들어요〉라는 뜻)뿐이었다. 어느 가게를 가든 일단 중국어로 말을 걸어오기 때문이었다. 확실히 대륙인이라 그런지 중국인들의 기세는 엄청났고, 나는 그런 기세만 있으면 살면서 못 해낼 게 없겠다고 생각했다.

내 그릇은 작고 아름다워. 나는 살인 소형견이야

이 포스트잇은 허지은 감독님이 직접 써주셨다. 허지은, 이경호 감독님 댁에 놀러 갔을 때도, 나는 사람들이 또 나 빼고 대단한 작법서를 읽고 있을까 봐 매의 눈으로 그들의 집 겸 작업실을 스캔했다. 이 포스트잇은 허지은 감독님이 이경호 감독님에게 직접 써준 것인데, 내 그릇은 작고 아름답지만 한 방이 있다는 뜻처럼 느껴졌고, 책상 위에 붙이면 시나리오를 잘 쓰는 두 감독님의 기운을 받아 앞으로의 작업이 술술 풀릴 것만 같았다. 허지은 감독님께 같은 내용으로 포스트잇을 써달라고 부탁드렸더니, 조금 의아해하시면서 다음과 같이 적어 주셨다. 〈내 그릇은 작고 아름다워. 나는 살찐 소형견이야.〉

알고 보니 마음의 시야가 좁아진 내가 〈살찐 소형견〉을 〈살인 소형견〉으로 잘못 읽은 것이었다.

집사람과 개똥벌레, 그리고 우주의 섭리

「나가서 친구들 좀 만나.」 나는 순아에게 가끔 이런 말을 듣는다. 그럴 만도 하다. 나는 특별한 일이 없으면 종일 집에서 일하고, 집에서 놀고, 집에서 쉬니까. 같은 프리랜서지만 독서 모임, 수업 수강, 친구 모임 등으로 외부 일정이 잦은 순아와는 달랐다. 나는 어느새 말 그대로 〈집사람〉이 된 것이었다.

집사람이 된 데에는 여러 가지 이유가 있겠지만, 그중 하나는 내가 정말로 친구가 별로 없어서인 것 같다. 본래 친구가 많은 편이 아니기도 했고, 무소식을 희소식으로 여기는 내 무정한 성격 탓도 있지만, 그럼에도 근 몇 년 간 부쩍 친구들과 멀어졌다는 기분이 들었다. 이래도 되나 싶은 생각도 들었다. 익숙한 노랫말이 내 얘기처럼 들렸다.

〈나는 개똥벌레~ 친구가 없네~〉

하지만 생각해 보면 친구들은 다 제자리에 있고 나도 내 자리에 있다. 일부러 멀어지기 위해 애를 쓰지는 않으니까. 그렇다면 왜일까? 왜 멀어졌을까?

문득 한 가지 가설이 떠올랐다.

우주는 팽창한다(정확히 말하면 팽창하고 있다는 이론이 가장 합리적이라고 한다). 갑자기 웬 우주냐 싶을 수도 있지만, 암튼 지금, 이 순간에도 우주는 지속적으로 팽창하고 있고, 그 바람에 각 천체는 서서히 서로에게서 멀어지는 중이다. 너무 천천히 멀어져서 느껴지지는 않지만 그렇다고 한다. 다시 말해 가만히 있으면 서로 멀어지는 것이 우주의 기본값이라는 거다.

친구들과 나 사이도 어쩌면 그럴 것이다. 우리는 가만히 있기에 늘 그 자리에 있을 것처럼 생각하지만, 사실은 우주의 섭리대로 조금씩, 서서히 서로에게서 멀어지고 있는 중이라는 것이다. 그렇다면 서로 멀어지지 않기 위해서는 어떻게 해야 할까? 우주의 팽창을 멈출 수는 없을 테니, 무언가 다른 수를 써야 할 것이다. 아마도 멀어지는 만큼 서로를 잡아당겨야 할지도 모른다. 지구와 달이, 태양과 지구가 서로를 잡아당기듯, 그러니까 중력처럼 말이다(그러고 보면 중력이란 건 꽤 다정한 것이다).

비단 친구와의 관계뿐만은 아닐 것이다. 연인 간에도 가족 간에도 그렇다. 우주의 섭리대로 멀어지지 않기 위해서는 어떻게든 잡아당겨야 한다. 관계라는 건 노력하지 않으면 안 되는 것이다.

억지스러운 비유라는 걸 안다. 하지만 누군가와 멀어지는 것이 우주의 섭리라고 생각하면 마음이 좀 나아진다. 흔한 안부 연락도 서로를 당기기 위한 중력 같은 거라고 생각하면 더 의미 있고 그럴싸하게 느껴지기도 하고 말이다.

연초에 이런 생각을 했다. SNS로만 간간이 소식만 확인하던 오랜 친구들에게 무턱대고 손 편지를 써볼까? 갑작스럽고 새삼스럽겠지만 반갑지 않을까? 대학교 때 수업 째고 함께 농구하던 녀석들, 자취할 때 나를 잘 챙겨 줬었던 누나, 함께 만화를 그리던 애들, 결혼하고 육아하며 연락이 끊긴 친구들, 모두 어디서 무엇을 하며 살아가고 있을까?

그렇다고 그간의 해후를 모두 풀어 보자고 하는 거창한 건 아닐 것이다. 막상 만나면 이미 너무나 멀어진 거리 탓에

서로의 말이 가닿지 않아 금세 지치기도 할 것이다. 그럼에도 불구하고 드넓은 이 우주 공간에서 〈너 거기쯤 있구나, 나는 여기쯤 있어〉라고 각자의 좌표를 확인할 수만 있다면, 영영 다시는 가까워지지 못할 각자의 평행선 위에 있다고 해도 나쁘지만은 않다. 동시대를 살아가는 소소한 존재들로서 말이다.

　연락이라도 좀 자주 하자는 다짐을 길게도 했다.

너는 랩 하면 성공해

2009년, 고3이 되면서 다니던 학교를 자퇴했다. 나보다 1년 먼저 자퇴해서 친해지게 된 자퇴 친구 한정인과 함께 홍대에 있는 사주&타로 숍에 갔다. 사람이 열아홉 살이 되면 자신의 미래를 알고 싶어지기 때문이다. 인생 최초의 사주라 우리 둘 다 긴장했다. 입구에 들어서자 타로를 봐주는 아주머니와 사주를 봐주는 아저씨가 계셨다. 이유는 알 수 없지만 타로보다는 사주가 과학적일 것 같아 사주를 봤다. 내 생년월일을 들은 아저씨가 명리학 책을 들여다보면서 뭔가를 계산하는 듯하더니 대뜸 말했다.

「너 공부 못하지?」

「네?」

뭐지? 사주에 그런 것도 나오나? 나는 기분이 좀 찜찜했지만 대답했다.

「네…….」

「너는 랩 해라.」

「랩이요?」

「어. 너는 랩 하면 성공해.」

랩이라니. 나보고 랩을 하라니. 내 목소리가 랩을 할 목소리인가? 하이 톤인 탓에 목소리가 특이하다는 말을 종종 듣긴 했지만…… 아니, 그보다 사주에서 랩에 적성이 있는지도 볼 수 있나?

괜히 돈만 버렸다고 흘려들었는데, 이후 「쇼미더머니」의 흥행을 보면서 사주 아저씨의 〈너는 랩 하면 성공해〉란 말이 머릿속에 맴돌았다. 혹시…… 그 아저씨가 맞았던 건 아닐까? 내가 영화가 아니라 랩을 했더라면, 우는 날보다 웃는 날이 많았을까?

사람이 스무 살이 넘으면 기타를 잡고 싶기 마련이다. 나도 그랬다. 앞서 같이 사주를 봤던 자퇴 친구이자 뮤지션인 한정인을 따라 서울 종로의 낙원상가에 가서 기타를 샀다. 좋아하는 노래들을 따라 연주해 보고 싶었지만, F 코드의 한계에 부딪혔다. 손가락 세 개로 쉽게 잡을 수 있는 C 코드나 D 코드, A 코드와 달리 F 코드는 손가락 네 개를 모두 써야 하는 데다 검지 하나로 여섯 개의 줄을 동시에 눌러야 하므로 초보자에게는 쉽지 않은 코드다. 그런데 좋은 노래들에 F 코드가 너무 많았다.

그러던 중, 뮤지션 이랑의 수업을 듣게 되었다. 강의 소개에, 가장 쉽고 손가락을 혹사하지 않는 몇 가지의 코드만 골라 배우게 된다고 쓰여 있어서 홀린 듯 신청했다. 수업은 일기를 써오는 것부터 시작했다. 평소 생각과 일기를 바탕으로 노래 가사를 만들고, 쉽게 잡을 수 있는 코드 위에 멜로디를 만들었다. 너무 재밌어서 순식간에 여러 개의 습작을 만들어 냈다. 언젠가부터 만들어 낸 노래들이 자기 표절이 되는 한계를 겪자, 노래 만들기를 멈췄다.

다시 곡을 만들게 된 건 「아빠가 죽으면 나는 어떡하지?」 후반 작업 때였다. 〈초밥은 인간다운 걸까, 사치인 걸까?〉 질문하는 장면에 들어갈 노래가 있으면 좋겠다고 생각했는데, 승화가 직접 만들어 보라고 꼬드겼다. 승화는 전부터 내 목소리가 잘 들리는 목소리이니, 직접 제작해서 음악 쪽에서 성공시켜 주겠다며 자꾸만 앨범을 내자고 부추겼다. 마치 사기꾼처럼. 그러나 이미 노래 만들기에 흥미가 사라진 나는 그 말을 흘려듣곤 했는데, 때마침 음악이 필요한 구간이 생기자, 승화가 저작권도 해결할 겸 직접 만들라고 다시 꼬드기기 시작한 것이다. 작품에 들어갈 음악은 전문 음악가의 손을 거쳐야만 할 것 같아서 주저했는데, 승화의 강력한 아마추어리즘에 설득당하고 만 나는 의심스러운 눈빛으로 오랜만에 기타를 다시 잡았다. 다음은 30분 만에 손가락을 혹사하지 않는 코드로 만든 노래다.

「초밥송」
광어방어연어장어 도미참치한치새우
거기다 와사비(생와사비)
초밥은 다 맛있다(비싸다)

광어방어연어장어 도미참치한치새우
거기다 와사비(생와사비)
돈도 못 버는 게 입만 살았네

저작권 프리의 달콤함을 맛본 나는 두 번째 다큐멘터리「해피해피 이혼파티」의 OST는 전곡 내가 만들기로 결심한다(사실 승화가 만든 곡도 있는데, 승화가 만든 곡이 내 곡이고 내 곡이 내 곡이니까 전곡 내가 만들었다고 봐도 무방하다).
어차피 난 전문 음악가는 아니니까, 라는 편안한 마음으로
만든 곡의 가사 일부를 소개한다. 〈해피해피 이혼파티〉라
는 제목에 걸맞게 1절 시작에 이혼이라는 단어가 28번 들
어간 곡이다.

「이혼송」
이혼이혼이혼이혼 이혼이혼이혼이혼
이혼이혼이혼이혼 이혼이혼이혼이혼
이혼이혼이혼이혼 이혼이혼이혼이혼
이혼이혼이혼이혼

몇 차례 하니 자신이 생겨서, 나는 내 작업뿐만 아니라 승
화 작업에도 OST를 만들어 주겠다고 했다. 다음은 승화의
영화 「잃어버린 외장하드를 찾는 이상한 모험」 속 엔딩곡
이다.

「백업송」
내가 만든 영화가 그렇게 구린가
내가 만든 영화가 그렇게 구린가

내가 보기엔 괜찮은 것 같은데
내가 보기엔 재밌는 것 같은데

여전히 승화는 틈만 나면 남순아 1집을 만들자고 조른다. 「초밥송」과 「이혼송」이 있으니, 이제 몇 곡만 더 만들면 된다고 한다. 그러면 나는 시답잖은 소리 그만하라고 내쫓는다. 하지만 아무래도 글 쓰다가 힘들 때면 사주 아저씨의 말을 떠올리게 된다. 그리고 내가 살아 보지 않은 삶을 상상해 보곤 한다. MC 순아…….

성덕의 다짐

인생 영화를 하나만 꼽으라고 하면 주저하지만, 인생 만화를 하나만 꼽아 달라면 조금의 망설임도 없이 꼽을 수 있다. 바로 권가야 작가의 『해와 달』이다.

1990년대에 가장 인기 있었던 만화 잡지 중에 『아이큐 점프』가 있었다. 주 독자층이 초중생이었던 이 잡지의 연재 작 중, 가장 인기가 없던 만화가 바로 『해와 달』이라는 무협 만화였다. 멋지거나 예쁘지 않은 걸 넘어 괴상한 그림체와 도무지 그 뜻을 알기 어려운 철학적인 대사들이 시도 때도 없이 툭툭 튀어나오는 만화였으니 그럴 만도 했다. 당시 초등학생이던 나 또한 보지도 않고 페이지를 넘겨 버리기 일쑤였으니까.

고1 때 부모님께 만화가가 되겠다고 선언했다. 부모님은 내켜 하지 않으셨다. 하루는 여느 때처럼 술 취해 집에 돌아온 아빠의 손에 묵직한 검정 비닐봉지가 하나 들려 있었다. 치킨이라도 사 오셨나 싶어 열어 봤더니 뜬금없이 만화책이 몇 권 들어 있었다. 『해와 달』이었다. 아빠에게 물어보니 술김에 집 근처 만화 대여점에서 애들이 볼만한 만화책을 추천해 달라고 했더니, 대여점 사장님이 이 만화를 추천하여 빌려 왔다는 것이었다. 지금 생각해 보면 내가 만화가가 되겠다고 한 것에 대한 아빠 나름의 대답이었던 것도 같다.

그렇게 만화가 지망생의 시선으로 몇 년 만에 다시 보게 된 『해와 달』은 엄청난 충격이었다. 말이 똥을 싸는 클로즈업으로 시작하는 첫 장면부터, 비호감이라고만 생각했던 그림체는 익숙히 보던 여타 일본 소년 만화와 궤를 달리하는 특유의 스타일이 있었고, 정밀한 데생과 영화적인 연출에 입을 다물지 못했다.

무엇보다도 음울한 주인공 소년이, 천하제일 고수지만 못난 가장이었던 아버지와 그의 죽음에서 벗어나기 위해 몸부림치다가 결국 받아들이게 된다는 줄거리, 그리고 삶과 죽음을 사유하는 인물들의 대사는 누구나 작은 철학자가 되는 유년기 시절의 내게 큰 영향을 끼쳤다.

『해와 달』을 닳고 닳도록 읽으며 나는 작품과 작가에게 흠뻑 빠져 버렸고, 마침내 생애 처음이자 마지막으로 팬레터까지 보내기에 이르렀다.

고2 여름 방학이었다. 집에서 뒹굴고 있었는데 엄마가 누가 나를 찾는다면서 전화를 바꿔 주었다. 누군지 묻자 엄마가 말했다.

「몰라. 무슨 권가라는데?」

권가야 작가였다. 세상에.

그는 나를 화실로 초대했다. 화실은 의정부 쪽 어디였었는데, 당시 우리 집은 인천이었기 때문에 1호선의 끝과 끝이었던 기억이 난다. 뭐라도 사 들고 가야 할 것 같았던 나는, 기특하게도 역 근처에서 커다란 수박 하나를 사 들고 화실을 찾았다.

땀을 뻘뻘 흘리며 화실에 들어선 것은 오후 2시쯤이었다. 어두컴컴한 화실에 드문드문 앉아 있던 문하생들이 수박을 들고 등장한 스포츠머리의 고등학생을 반겨 주었다. 잠깐 기다리라길래 그렇게 20분쯤 멀뚱히 앉아 있는데, 권가야 작가가 부스스한 얼굴로 나타났다. 어깨까지 오는 긴 머리의 30대 남성이었다. 인사를 하자 그가 다짜고짜 말했다.

「바둑 둘 줄 아니?」

이후로는 드문드문 기억난다. 권가야 작가의 방에서 바둑을 두다가 바둑판 아래 기대 두었던 책이 쓰러지는 바람에 판이 깨졌던 것, 내가 가져간 연습장 속 그림을 보고, 〈요즘 애들은 다 그림을 잘 그린다〉라며 칭찬해 주셨던 것, 마침 일요일이었기에 화실 식구들과 함께 동네의 문화 센터에서 상영하는 「매트릭스」를 보러 간 것, 영화 포스터를 한 장 얻어 오시면서 SF에 관한 이야기를 늘어놓으셨던 것……

해 질 녘이 되어서야 집으로 돌아오면서 다짐했던 것도 기억이 난다. 언젠가 훌륭한 만화가가 되어 다시 찾아뵙겠다고.

알다시피 이 다짐은 이루어지지 못했다.

권가야 작가를 다시 만나게 된 것은 뜬금없게도 홍대의 어느 라이브 클럽에서였다. 한창 밴드를 하던 때였고, 간혹 행사 공연을 했다. 그날은 장르 소설 잡지인 『판타스틱』의 대관 행사였는데, 우리 밴드의 곡 중에 「스타워즈」에 관한 노래가 몇 곡 있어서 우릴 축하 공연자로 불렀던 것이었다. 무대에서 한참 공연을 하고 있는데, 관객석에 익숙한 얼굴이 보였다. 권가야 작가였다. 나는 놀랐고, 공연을 마치자마자 곧장 작가님과 문하생분들이 앉아 계신 좌석으로 향했다. 나를 뭐라고 소개해야 할지 몰라서, 10년쯤 전에 수박을 들고 인천에서 찾아갔던 고등학생이라고 이야기했다. 작가님은 반가워하셨지만 날 기억하진 못하셨다. 감사하게도 옆에 있던 문하생 분이 날 기억하셨다.

행사 내내 함께 맥주를 마시고, 문하생분들이 모두 집에 돌아가신 뒤에도 나는 작가님과 함께 인근 술집에서 새벽까지 소주를 마셨다. 지금 생각해 보면 인생에 큰 영향을 미치고, 팬레터까지 썼던 상대와 새벽까지 술을 마셨던 날인데, 이상하게도 무슨 이야기를 나눴었는지 아무것도 기억이 나질 않는다. 짐작하건대 서툴렀을 것이고 의미 없는 말들만 떠들어 대다가 귀한 시간을 흘려보냈을 것이다. 유일하게 기억나는 것은 술자리를 마치고 자취방으로 돌아가는 길에 언젠가 훌륭한 영화감독이 되어서 『해와 달』을 꼭 영화화하겠다고 다짐했던 것이다.

물론 이 다짐 또한 아직 이루어지지 못했다.

이후로는 권가야 작가를 만난 일은 없었다. 드물게 발표하는 새 작품을 꼬박꼬박 챙겨 보곤 했지만, 그 또한 근래엔 없었다. 요즘도 나는 연례행사처럼 가끔 권가야 작가의 이름을 인터넷에 검색해 보곤 한다. 내가 모르는 사이에 새 작품이 나오진 않았는지, 혹시라도 근황을 알 수 있을지 궁금해서이지만 유의미한 내용이 없었다.

그러다 마침내 오늘 기사를 하나 발견했다. 권가야 작가가 그림을 그렸던 한일 합작 만화 『푸른길』이* 넷플릭스 시리즈로 제작이 결정되었다는 기사였다.

오랜만에 마음 한편이 두근거렸다. 그리고 두 번의 다짐이 떠올랐다.

오늘은 『해와 달』을 보고 자야겠다.

---

* 한국과 일본에서 벌어진 연쇄 살인을 수사하는 한일 형사들의 공조를 다룬 이야기. 글은 『마스터 키튼』, 『빌리 배트』, 『플루토』의 스토리 작가인 에도가와 케이시가 맡았다.

가지마, 오!재미동

영화감독이 되겠다고 결심하고 영화를 배우러 다녔다. 청소년 시절 나는 경기도 용인에 살았는데, 당시 용인에는 지하철이 없었기 때문에 분당의 미금역까지 가서 지하철을 타고 영등포구청역 하자센터까지 왕복 네 시간이 넘는 거리를 격주 토요일마다 다녔다. 거기서 처음 영화 용어를 배웠고, 첫 단편 영화를 연출했다. 하자센터의 작은 극장에서 보여 주는 고전 영화와 단편 영화 들이 좋았다. 거기서 만난 친구 중 한 명은 지금 영화 배급사 필름다빈의 대표가 되었다.

학교에서 나는 영화감독을 하고 싶어 하는 애였다. 중학교

3학년, 나는 학교 인권 동아리가 주관한 인권 주간 행사에 응모할 영화를 찍었다. 오래되어 희미한 기억을 더듬어 보자면, 아마 명절에 일만 해야 하는 며느리들의 설움을 다룬 뉴스 포맷의 픽션이었던 것 같다. 친구들이 기자도 해주고, 익명의 며느리도 연기해 줬다. 우리 집 컴퓨터에는 편집 프로그램이 없었으므로, 집 근처 청소년 수련관이나 충무로 영상센터 오!재미동(이하 오재미동)을 이용했다. 2001년 문을 연 오재미동은 독특하게도 충무로 역사 안에 자리 잡고 있었다. 나는 인터넷을 검색하다가 오재미동을 알게 됐는데, 오재미동 편집 컴퓨터 대여비가 저렴해서 거기로 갔다. 당시는 필름과 디지털의 과도기여서 6밀리미터 테이프로 찍은 것들을 다시 레코딩하여 디지털 소스로 변환해야 했다. 10대 남순아는 책에서 배운 대로 어설프게 편집 툴을 써보면서, 안 되는 건 무섭게 생긴 오재미동 직원에게 물어 가면서 영상을 완성했다. 바쁘게 지나다니는 인파를 헤치고 들어와 오재미동 안에서 편집을 하고 있으면 내가 뭐라도 된 것 같았다. 그 정도 노력을 들인 사람이 없어서였는지, 나는 결국 인권 주간 행사 1등을 해서 문화상품권 오 천원을 받았다.

다니던 고등학교에서 자퇴한 뒤, 나는 영화과에 진학하는 대신 영상미디어센터 미디액트에서 독립 극영화 제작 수업을 들으며 본격적으로 영화감독의 꿈을 키워 갔다.* 다시 오재미동에 가게 된 건 10년도 더 지난 2022년이다. 오재미동의 영화 제작 수업인 언더그라운드 플러스의 강사 제안을 받았기 때문이다.

여기서 잠깐, 영화감독은 뭘 먹고 살까? 영화 연출로만 먹고사는 사람은 소수일 것이다. 2023년 한국영화감독조합에서 조사한 내용에 따르면, 영화감독의 평균 연봉은 약 천팔백만 원이라고 한다. 나 역시 작품 상영 등으로 얻는 작고 귀여운 수입이 있지만, 나머지는 강의를 비롯한 여러 알바로 채운다.

내가 여러 편의 단편 영화를 연출하긴 했지만, 강의할 정도의 경력은 아니어서 오재미동에서 나에게 연락을 준 이유가 궁금했다. 그런데 미팅 때 말씀하시기를, 다른 분들께 먼저 제안했지만 일정이 맞지 않았고, 그분들이 감사하게도 나를 추천해 주셨다고 했다. 오재미동 강의료는 내가 하는 다른 어떤 알바보다도 급여가 좋았다. 나는 어떻게 들어

* 자랑스러운 동기로는 「우리들」, 「세계의 주인」을 연출한 윤가은 감독이 있다.

온 기회든, 이 꿀알바를 절대 놓치지 않겠다고 다짐했다!

나는 어디서 대단한 상을 받지도 않았고, 대단한 감독은 아니지만, 눈높이 수업 하나는 잘할 자신이 있었다. 왜냐하면 나는 영화 전공자가 아니니까. 뭐든 타고나길 잘하는 사람보다 오랜 시간 여러 시행착오를 거쳐 익힌 사람이 오히려 초심자가 겪는 어려움을 잘 이해하고, 공감할 수 있을 테니까.

그렇게 나는 2022년부터 2025년까지 오재미동에서 네 차례의 수업을 진행했다. 수강생들에게 많은 걸 알려 드리고 싶었지만, 사실 아는 게 많진 않아서 그보다는 함께 고민하는 편을 택했다. 그렇게 만들어진 수강생들의 작품은 모두 감독을 똑 닮아, 자기만의 색깔을 지닌 채 완성됐다. 수강생들과 함께 수업하고, 그들의 좌충우돌과 고민을 듣는 게 정말 피곤하면서도 즐거웠다. 힘들지만 정말 재밌지 않냐고, 대단한 뭐가 되길 약속할 수 없어도 이 과정을 끝까지 통과해 보고 싶지 않냐고 꼬드기고 싶었다. 그건 나 자신에게도 마찬가지였다. 수강생들을 보며 지금 내 작업과 나의 수준이 성에 안 차도, 영화를 만드는 과정 자체의 기쁨과 나만의 고유성에 대한 긍지를 잃지 말 것을 배웠다. 추운 2월에 시작했던 수업을 뜨거운 8월에 마치고 나면, 나는 친구들을 두고 혼자만 전학 간 것처럼 하반기 내내 허전해했다.

그런 오재미동이 올해 12월 사라진다고 한다. 근방에 서울 영화센터가 생기기 때문이다. 20년 넘는 세월 동안 그 자리를 지켜 왔기 때문에 오재미동 없는 충무로역이 상상되지 않는다. 충무로역을 지날 때마다 아카이브실에서 DVD를 보거나 책을 읽는 사람들의 모습을 보면 까닭 없이 마음이 안정되곤 했었는데, 이제는 그 모습을 볼 수 없다. 20년 넘게 쌓아 온 역량은 쉽게 대체되지 못할 것인데도 그렇다. 공간이 생기는 건 어려운데, 사라지는 건 순식간이다. 오재미동을 사랑했던 사람들은 이제 어디로 가야 할까?

홀수가 아니면 안 돼

산책을 마치고 돌아오는 길에 순아와 함께 시장에서 토마토를 샀다. 〈몇 개 살까?〉 내가 토마토를 담으며 묻자, 순아가 말했다.

「네 개.」

그 순간 나도 모르게 아주 잠깐 망설여졌다.

그 이유는 다음과 같다.

축구 선수 손흥민은 아무리 작은 경기라도 그라운드에 들어설 때 오른발부터 들어가며, 테니스 선수 라파엘 나달은 늘 물병의 상표를 코트 쪽 방향으로 놓는다고 한다. 이렇듯 누구나 자신만의 이상한 징크스 혹은 루틴을 가지고 있다.

아니, 있을 것이다. 나는 있으니까.

그게 나는 홀수다.

숫자를 선택해야 할 일이 있을 때, 나는 어지간하면, 가능하다면 반드시 홀수를 선택한다. 이를테면 내 핸드폰의 기상 알람 시간은 8시 01분, 8시 07분, 9시 43분……* 이런 식으로 모두 홀수다. 지하철 개찰구에도 번호가 붙어 있는 것을 아는가? 나는 늘 홀수인 번호에 카드를 찍고 들어가려 노력한다.

물론 언제나 홀수를 선택하지 못할 때도 있다. 이를테면 감자 여섯 개를 한꺼번에 다 삶아야만 한다면? 그럴 때 나는 먼저 다섯 개를 밥솥에 먼저 넣고, 잠깐 멈춘 뒤에(일종의 구분 선을 긋는 것이다) 한 개를 마저 넣는다. 그럼 6이 아니라 5와 1이니까 괜찮다. 아무튼 그러다 보니 순아가 토마토를 네 개 사자고 했을 때, 나는 세 개를 먼저 소쿠리에 담고, 잠깐 기다린 다음 한 개를 더 담았다.

이렇게 쓰고 나니까 내가 영 이상한 사람 같지만, 늘 이런 생각을 하고 지내는 것은 아니다. 길 가다가 사람들과 부딪히지 않기 위해 〈오른쪽으로 몇 센티 피해야지, 왼쪽으로 두 걸음 가야지〉 하고 따로 생각하거나 계산하지 않는 것처

* 순아: 알람 여러 개 맞추지 말고, 한 번에 일어나라.

럼, 나 또한 그저 무의식적으로 이런 선택을 하게 된다.

그런데 애초에 왜 이런 홀수 징크스(?)가 생겼을까? 별다른 이유가 없다고 생각했었는데, 이 글을 쓰다 보니 그 이유가 불현듯 떠올랐다.

초등학교 5학년 때, 우리 반에는 바둑돌에 학생들의 번호를 적어 뽑는 규칙 같은 것이 있었다. 이를테면 검은 돌에는 남학생들 번호가 붙어 있었고, 흰 돌에는 여학생들 번호가 붙어 있어서, 발표를 시키거나 할 때에 이 바둑돌을 무작위로 뽑아 정하는 것이었다.

짝꿍을 뽑을 때도 이 방법을 썼었는데, 15번이던 나와 37번인 내 짝은 학기 초에 이미 이러한 방식을 통해 짝이 된 사이였다. 몇 달이 지나 다시 짝을 뽑을 때가 되자 나는 시무룩해졌다. 나는 내 짝인 37번 친구를 좋아하고 있었기 때문이었다. 이별의 시간이 점점 다가오고 있었다. 담임 선생님이 바둑돌들이 담긴 상자에 손을 집어넣어 번호들을 뽑았다.

「다음은 15번하고…… 37번!」

이럴 수가! 50명이나 되는 반 아이 중에서 연속으로 두 번이나 짝이 된 경우는 처음이었다. 이를 확률로 계산해 보자면, 남녀 25명씩 총 짝이 되는 경우의 수 625분의 1이 두 번 이루어졌으니, 이를 곱하면 무려 390,625분의 1이므로, 0.000256퍼센트였다. 그 순간 내가 너무 놀라고 신이 난 나머지 나도 모르게 환호성을 지르자, 37번 친구가 쑥스러웠는지, 아니면 나랑 또 짝이 되는 게 싫었는지, 의자에 앉아 있던 나를 발로 찼다. 나는 책상째로 와장창 쓰러졌다. 그 친구는 태권도 유단자였다. 그래도 난 좋았다.

암튼 기적과 같은 일을 겪으며 나는 15번을, 그리고 홀수를 내 행운의 숫자라 여기게 된 것이었다.

놀랍게도 이때의 기억이 그로부터 30년도 더 지난 나에게도 여전히 영향을 미치고 있다. 과거의 작은 선택과 인상적인 기억들이 지금의 내 선택을 유도하며 나를 구성하고 있는 것이다. 그리고 어쩌면 지금 나의 작은 선택들과 생각들 또한 30년 뒤, 70대가 된 백승화 할아버지의 선택에도 영향을 미치게 될 것이라고 생각하니 기분이 묘했다.

70세의 백승화 할아버지는 여전히 토마토를 홀수 개수로 사고, 지하철 개찰구의 홀수 번호를 찾아 두리번거릴 것이다.

어지간하면 말이다.

질문 살인마

「순아는 남의 이야기를 잘 들어줘.」 친구들이 그럴 때마다 나는 〈휴, 안 들켰군〉이라고 생각한다. 사실 나는 남의 이야기를 잘 안 듣기 때문이다. 자라면서 내가 가장 많이 들은 말은 다음과 같다.

「너는 정말 말이 많구나.」

두 번째로 많이 들은 말은,

「너는 네 얘기밖에 안 하는구나.」

나는 두 가지에 몹시 놀랐는데, 첫째는 다른 사람들은 나만큼 자기 얘기를 하지 않는다는 것이었고, 둘째는 내 얘기가 그렇게 재밌지 않다는 것이었다. 나는 사람들이 내 얘기가 재밌어서 들어 주는 줄만 알았지, 참고 들어 주는 줄은 정말 꿈에도 몰랐다.

수많은 시행착오 끝에 나는 내가 말이 많은 걸 알았고, 사람들은 그런 사람을 별로 안 좋아하는 것도 알았다. 그러나 수다쟁이가 말을 멈추는 것은 참새가 방앗간을 지나치는 것보다 어려운 일이었다. 다행히 나는 아는 것이 하나 더 있었다. 그건 바로, 사람들은 나만큼이나 자기 얘기 하는 걸 좋아한다는 것이었다. 그래서 나는 사람들에게 미움받지 않으면서, 나의 수다욕을 충족시키기 위한 방법을 찾아냈다. 바로 〈질문〉이었다.

「이름 한자 뜻이 어떻게 되세요? 누가 지어 주셨나요? 태몽은 뭔가요? 엄마를 닮으셨나요, 아빠를 닮으셨나요?」

질문을 던지고 나면 그 사람의 시간이 된다. 상대방은 내 질문에 답하기 위해 잠시 고민하는 시간을 갖기도 하고, 뭐 그런 걸 물어보냐는 표정을 짓기도 하다가, 진짜 재밌는 이야기를 들려주고 말겠다는 표정을 짓기도 한다.

상대방이 자신의 이야기를 들려줄 때, 나는 그의 눈을 〈똑바로〉 바라본다. 사실 속으로는 다음 질문을 생각할 때도 있고, 전혀 딴생각할 때도 있지만, 일단 시선은 상대방의 눈에 고정한다. 실제 집중도와 별개로, 상대방의 말을 잘 듣고 있음을 강조하고 싶기 때문이다. 친구들에 따르면, 이렇게 내가 눈을 〈똑바로〉 쳐다볼 때 살짝 긴장된다고 한다. 어쩐지 계획한 것보다 더 많이 말해야 할 것 같다고도 한다. 사실 나는 상대방의 말을 듣는 척하면서 그의 얼굴을 가만히, 새삼스럽게 구경할 때도 있다. 이이의 눈썹은 이렇게 생겼군? 눈동자 색은 이렇군! 오호라, 쑥스러울 땐 이런 표정을 짓는군. 대놓고 하지만 어쩐지 몰래 들여다보는 기분이든다.

대답이 끝나면 바로 다음 질문을 한다. 나도 말을 하고 싶으니 질문은 꼬리에 꼬리를 문다. 질문을 너무 많이 하는 바람에 대화가 아니라 인터뷰를 하는 것 같다거나, 〈질문 살인마〉라는 편잔을 듣기도 하지만, 다행히 다들 아주 싫어하는 것 같지는 않다.

내가 말이 많은 걸 깨닫고 나서 갖게 된 습관은 질문하기 말고도 더 있다. 나는 여럿이서 대화하는 자리에서 말없이 듣기만 하는 사람이 있으면 몹시 신경 쓰인다. 그가 하고 싶은 말이 있는데 못 하는 것일지도 모른다는 생각이 불현듯 들면, 갑자기 유재석처럼 나서서 진행을 하게 된다.

「ㅇㅇ님은 어떻게 생각하세요?」

그래서 나는 GV가 좋다. GV를 안 좋아하거나 어렵다는 감독도 많지만, 나는 아니다. 나는 GV가 정말 좋다. 누군가 영화 제작 단계에서 시나리오, 촬영, 후반 작업 중 뭐가 좋으냐고 묻는다면 GV가 제일 좋다고 단박에 대답할 것이다. GV 하려고 영화 찍는다고 봐도 된다. 영화를 기획하고 시나리오를 쓰는 초기 단계부터 이미 나는 〈GV를 하는 내 모습〉을 상상하고 있다. 이 영화의 아이디어는 어떻게 떠올렸고요, 저는 이 영화를 통해 이러이러한 것들을 전달하고 싶었습니다. 수많은 관객이 나를 주목하는데 나만 수다를 떨 수 있다니! 나는 혹시 연예인이 되고 싶었던 걸까? 아니면 사이비 종교의 교주……?

나의 수다욕과 상대방의 자기 얘기 하고 싶은 욕구가 맞아 떨어진 원원의 상황은 택시를 탔을 때다. 나는 택시 기사님과의 대화를 즐기는 편이다. 말 걸어 주시길 기다리기도 하고, 조용한 기사님을 만나면 슬쩍 먼저 말을 걸어 보기도 한다.

한번은 마포구로 가는 택시를 탔는데, 차 안에서 2NE1의 「내가 제일 잘 나가」가 흥겹게 나오고 있었다. 라디오인가

보다 했는데, 연달아 2NE1의 곡이 흘러나왔다. 아무래도 기사님의 플레이리스트인 듯 했다. 60대 남성의 2NE1 플레이리스트는 질문을 부를 수밖에 없다. 알고 보니 기사님의 둘째 따님이 2NE1을 좋아하는데, 기사님도 아이돌 중에 2NE1 노래가 제일 나은 것 같아서 듣는다고 하셨다. 음악을 좋아해 취미로 중창도 하셨다는 기사님께 〈중창이 합창과 비슷한 거지요?〉라고 물었다가 어떻게 다른지 꼼꼼한 대답을 들을 수 있었다. 목적지에 거의 다 왔을 무렵, 차 안에는 기사님이 젊을 때 좋아하셨다는 TOTO의 「Africa」가 흘러나왔다.

아마도 우리는 이 택시가 아니라면 대화 나눌 일이 절대 없었을 것이다. 우리는 관심사도, 살아온 경험도, 나이대도 전혀 다르니까. 택시에서 내리게 되면 살면서 다시는 보지 못할 사이고. 하지만 TOTO라는 밴드가 있는 줄도 몰랐던 나는 이제 그들의 노래를 들을 때마다 중창을 하셨던 기사님이 생각난다.

또 한번은 새벽에도 기분이 매우 좋아 보이는 택시 기사님을 만났다. 기분이 어찌 이리 좋으시냐고 물었더니, 일찍 낳은 딸이 또 일찍 손녀를 낳아 벌써 할아버지가 됐는데, 딸이

용돈 십만 원을 줬다고 하셨다. 라디오에 나오는 노래를 흥얼거리시면서 이 노래 아냐고 물어보시길래, 노래 잘하시냐고 또 질문할 수밖에 없었다. 그러자 어렸을 때 그룹사운드를 하셨다는 게 아닌가.

「어떤 파트를 맡으셨어요?」

내 질문에 기사님이 씨익 웃으셨다.

「씽어.」

보컬도 아니고 씽어라니. 나는 기사님이 한때 좀 날리셨음을 직감했다. 기사님은 그때의 기억을 떠올리기만 해도 즐거우신 듯, 친구들과 공연하기 위해 구입한 악기 대금을 갚기 위해 고생했던 얘기를 들려주셨다. 〈씽어〉와 〈할아버지〉 사이에 있을, 내가 알 수 없는 한 사람의 시간에 대해 차에서 내리고 나서도 한동안 생각했다.

생각 없이 한 질문에 생각지도 못한 답을 듣다 보면, 점점 더 좋은 질문을 하고 싶어진다. 나밖에 모르던 내가 다른 사람의 이야기를 들으며 감히 그의 삶을 가늠해 보게 된다.

시나리오 수업에서 강사님이 이런 얘기를 한 적 있었다. 이야기는 한 인간의 두려움과 욕망 사이 전투를 다루는 것이라고. 도대체 이 자식은 왜 이러나? 저 자식은 왜 저러나?

저렇게 끝까지 가면 어떤 일이 생길까? 그래서 이야기를 따라가다 보면, 우리는 순간적, 단편적으로 판단했던 인간에 대해 이해할 수 있게 된다. 그 사람이 무엇을 바랐고, 어떤 좌절을 통해 지금의 저 사람이 되었는지, 그때 기분은 어땠고, 어떻게 스스로를 구해 내고 싶었는지 질문하다 보면 한 인간에게 얼마나 깊은 사정과 까닭이 담겨 있는지 깨닫게 된다. 다른 사람을 이해하고 가여워할 줄 알게 되면서, 나는 나 자신도 더 좋아할 수 있게 되었다. 타인에게 건넬 훌륭한 질문을 찾아야 하는 이유다.

단편 영화 추천[*]
「**인간적으로 정이 안 가는 인간**」(2005), 손원평 감독, 33분
일단 제목이 죽인다. 정수기 회사 대리점 영업 사원인 〈영은〉(정보훈)은 야망 있는 인간이다. 〈사람들은 원래 서로 이용해 먹으면서 사는 것〉이라고 생각하는 영은은 정수기 판매 실적을 채워 본사 관리직으로 승진하고 싶다. 이런 영은의 심기를 거스르는 인물이 있으니, 바로 같은 건물 1층에서 일하는 피아노 조율사 〈용희〉(양익준)다. 영은을 비롯

---

   [*] 단편 영화 추천은 충무로영상센터 오!재미동 추천 DVD에 실렸던 글을 가져왔다.

한 정수기 회사 직원들은 눈치라곤 개미 똥만큼도 없는 데다 언제 봤다고 친한 척인 용희를 불편해한다. 영은은 용희의 도움을 받아 정수기 판매 실적을 올리면서도, 동료들 앞에서는 용희를 은근히 무시하면서 용희와 친한 사이로 비칠까 봐 불편한 심경을 드러낸다.

양익준 배우가 얼마나 〈인간적으로 정이 안 가는 인간〉을 잘 연기하는지 아는가? 영화의 오프닝 장면, 〈세상에서 가장 맛있는 술은 여자 입술〉 따위의 저질 농담을 하는 용희를 보면서 나는 본능적으로 이자가 이 영화에서 말하는 〈인간적으로 정이 안 가는 인간〉임을 알았다. 그런데 그런 용희를 극혐하는 영은도 만만치 않다. 립스틱 색깔이 예쁘다며 빌려 달라는 동료에게 립스틱을 집에 놓고 왔다고 거짓말하다가 걸리지 않나, 정수기 열다섯 대 주문에 〈열여섯 대라고 하셨죠?〉 하며 슬쩍 한 대를 더 끼워 팔려고 하질 않나. 영은과 용희 모두 보는 이의 정을 탈탈 털리게 만드는 인물이다.

그러나 영화가 끝날 무렵, 나는 두 인물에게 무한한 정을 느끼고 말았다. 손해 보지 않으려고 아등바등 살지만 사는 게 쉽지 않은 영은에게도, 사람들의 불편한 기색에도 오지랖 넓게 먼저 말 걸고 돕는 용희에게도. 이 작품을 보고 나면 살면서 만났던 인간적으로 정이 안 가는 인간들을 조금 더 너그럽게 봐줄 수 있을 것 같다. 소설 『아몬드』를 썼고, 미스터리 스릴러 영화 「침입자」(2020)를 연출한 손원평 감독의 단편 영화다.

임플란트와 아빠

「우리 집 사람들이 이 하나는 튼튼하거든.」오징어를 한참이나 질겅질겅 씹어 대는 나를 보고 순아가 걱정하자, 내가 한 대답이었다.

자신만만해하는 나에게 순아가 다시 물었다.

「그걸 어떻게 알아?」

그러게. 나는 그제야 내가 왜 그렇게 생각하는지를 생각해 보기 시작했다.

내 어린 시절 기억 속에서의 아빠는 늘 40대로 등장한다. 40대의 아빠는 출근하지 않는 주말에도 집에서 혼자 술을 드시곤 하셨는데, 그럴 때면 늘 냉장고 채소 칸에서 꺼낸 생무나 생당근을 와그작! 씹으며 안주로 삼았다. 그 경쾌한 소리에 속아 나도 몇 번 먹어 보려 시도를 해보았으나, 아직은 도저히 그 맛을 알긴 어려운 나이였다. 물론 지금도 생무는 뭐가 달다는 건지 모르겠다. 또 아빠가 자주 먹던 안주 중엔 마른오징어가 있었다. 아빠가 가스레인지 위에서 맨손으로 오징어를 구우면 그 냄새를 맡은 나와 동생도 스트릿냥처럼 다가와 그걸 얻어먹곤 했는데, 어느새 엄마까지 가세하면 네 식구 전부가 그 짭짤한 마른오징어를 질겅질겅 먹어 치웠다. 그럴 때면 아빠가 뿌듯하게 말했다.

「우리 집 사람들이 이 하나는 튼튼하거든.」

당시 아빠는 거의 매일 술에 취하곤 했다. 그리고 취하면 거의 매번 나와 동생에게 미안하다고 했다. 그 말이 지겹고 싫어서 대체 뭐가 미안한 거냐 물으면, 가난해서, 제대로 해준 게 없어서 그렇다고 했다. 그런 와중에도 튼튼한 이 하나는 확실히 물려주었다는 말처럼 들려서였을까? 나는 저 말이 오랫동안 기억에 남았다.

그래서 나는 그 말을 철석같이 믿었다. 실제로 이를 부지런히 닦지 못했음에도 30대까지는 별다른 치과 진료를 받은 일이 없었으니 더욱 신빙성이 있었다.

몇 달 전에 아빠의 임플란트를 예약했다. 한두 개가 아니었다. 열다섯 개를 해야 한다고 했다. 이를 열다섯 개나 뽑고 새로 넣어야 한다니, 그야말로 대공사였다. 그것도 복용 중인 약을 한동안 끊어야 한다고 해서 6개월 후에나 가능했다.

임플란트 전에 충치가 심한 이 몇 개를 먼저 뽑아야 한다고 해서 아빠와 함께 치과에 갔다. 마취 주사를 맞은 아빠가 치과 침대에 앉아 마취 기운이 돌길 기다리는 동안, 나는 아빠의 뒤에 조용히 서서 아빠의 치아 엑스레이 사진을 한동안 바라보았다. 생무와 생당근을 부수고, 오징어를 끊던 그 튼튼하던 이들이 무수한 풍파에 맞은 바위처럼 깎이고 삐뚤어진 채로 화면에 찍혀 있었다.

나 또한 40대가 되고 나서 아랫니에 임플란트를 하나 했다. 문득 어쩌면 우리 집 사람들의 이가 정말로 튼튼한 것은 아니었을 수도 있겠다는 생각을 했다.

임플란트로 참 별생각을 다 한다.

내가 죽으면 승화를 같이 묻어 주세요

나는 언제나 내가 불의의 사고로 죽을지도 모른다고 생각한다. 자동차나 비행기를 탈 때, 사랑니를 뽑을 때, 엄마가 냉동실에 있었던 거라 괜찮다며 유통 기한 지난 음식을 먹일 때 신문 귀퉁이에 조그맣게 실린 나의 사망 소식, 〈남 모 씨(30대, 여) 사랑니 발치 후 피가 멈추지 않아 숨져〉. 그래서 나는 아이폰 메모장에 유서를 남겨 놨다. 가족들에게도 미리 일러뒀다. 내가 죽으면 유서를 확인하라고. 사고 현장에서 핸드폰을 찾을 수 없거든 클라우드로 연동해 두었으니 컴퓨터로 확인하면 된다는 철저함까지.

유서는 주로 공항버스 안에서 업데이트된다. 몇 시간 후면 제주도나 다른 나라에 무사히 도착해서 사진 찍고 좋아할 가능성이 높지만, 일단 공항버스 안에서는 눈물을 질질 흘리고 있다.

유서의 내용은 조금씩 바뀌지만 기조는 대강 다음과 같다. 내가 가진 돈과 그나마 값나가는 물건들은 이렇게 저렇게 나눠 갖고, 제사상에는 꼭 내가 좋아하는 커피와 회를 올려 달라고. 내가 보고 싶어서 슬퍼질 때마다 밥은 잘 먹는지, 잠은 잘 자는지 서로의 안부를 확인하라고. 다른 사람이 걱정할까 봐 괜찮은 척하지 말고 슬플 땐 슬프다고 말하고 힘들 땐 힘들다고 말하고 엉엉 울라고. 그러고서 꼭 배부르게 밥을 먹어라. 가능하면 단백질과 섬유질이 풍부한 식단으로. 술은 마시지 마라. 슬플 때 술은 아무런 도움이 안 되니까.

이렇게 쓰고 나면 정말로 눈물을 질질 흘리게 된다. 죽는 게 무서워서? 틀렸다. 삶의 유한성을 느끼고 살아 있다는 것에 감사해서? 그것도 틀렸다. 물론 맞는 말이지만, 나는……그동안 나를 빡치게 했던 놈들에게 제대로 화내지 못한 게 너무 억울하다. 만약 사후 세계가 있다면, 나는 그때 그놈의 머리털을 죄다 뜯어 버리지 못한 것을 후회하며 지옥에서 열받아서 길길이 날뛰고 있을 것이다.

순아

아직 살아 있는 나는 공항버스에서 눈물을 질질 흘리며 다짐한다. 다음에는 꼭 한마디 해야지! 참지 말고, 뒷일은 생각하지 말고 꼭 화를 내야지! 내 생각엔 그것만이 산 자가 누릴 수 있는 삶의 기쁨인 것 같다. 유서는 언제나 〈화가 날 땐 화를 내자〉라는 비장한 다짐과 함께 마무리된다. 언제 죽을지 모르니까.

죽는 상상은 나만 가지고 이루어지지 않는다.

「나는 승화보다 빨리 죽을래.」

「그런 말은 하는 게 아니야.」

승화는 매번 그런 말은 하는 게 아니라고 하지만, 나는 진심이다. 나는 사랑하는 사람들보다 오래 살고 싶지 않다. 먼저 가는 사람이 되고 싶다. 좀비 세계가 되어도 혼자서 살아남고 싶지 않다. 이런 나와 달리 승화는 자기가 좀비가 되어도 치료제가 개발될지 모르니까 절대 죽이지 말아 달라고 한다. 기술이 허락한다면 삼백 살까지 살고 싶다는데, 도대체 삼백 년 동안이나 뭘 하려는 건지 모르겠다.

「그럼 나는 승화 죽으면 따라 죽을래.」

「그런 말도 하는 거 아니야.」

「왜?」

「생각해 봐, 내가 순아가 죽으면 나도 따라 죽는다고 하
면 좋겠어?」

「(잠시 생각) 응, 나는 좋아!」

「뭐?」

「나는 내가 죽으면 승화를 같이 묻어 달라고 할래!」

「…….」*

최근에 생각해 본 나의 장례식은 이렇다. 최근에 생각했기
에 고인 남순아는 노인 남순아가 아니라 청년 남순아다. 따
라서 조문 온 손님들도 아직 젊다. 장례식은 승화와 나의 투
룸 빌라에서 이뤄진다. 우리 집은 주차할 곳이 마땅치 않으
니 대중교통 이용을 권장한다. 전용 면적이 11평밖에 되지
않아서, 한 번에 많은 사람을 수용하기 어려운 점도 조문객
들이 양해해 줬으면 좋겠다.

일단 손님들에게 육개장보다는 커피와 디저트를 대접하
고 싶다. 손님들은 공작새처럼 자기가 가진 가장 예쁘고 좋
은 옷을 입고 오길 바란다. 반드시 검은 옷을 입을 필요는
없다. 가장 예쁘고 좋은 옷을 입고 온 손님들은 조의금 대

* 승화: 순아의 친구들이 순아의 유서를 들고 와서, 어쩔 수 없다며 나를
함께 묻으려 팔을 잡고 끌고 가는 상상을 해봤다.

신, 미리 준비한 짧은 글을 상주들에게 낭독해 주었으면 한다. 손님들이 나와 어떻게 알게 되었고 나에 대해 갖고 있는 가장 인상적인 추억은 무엇인지 들려주면, 상주들이 그들이 몰랐던 나의 모습을 알게 되면 좋겠다.

봉안당에 가고 싶지는 않다. 봉안당 메이트가 나랑 잘 안 맞으면 죽어서까지 힘들 것 같다. 어쩌다 잘 맞을 수도 있지만 도망칠 수 없으니 모험은 꺼려진다. 화장한 뼈는 상주들이 알아서 나눠 가져서 그들의 집에 들여 주면 좋겠다. 제사 때는 맛집에 가서 핸드폰에 사진을 띄워 주면, 알아서 찾아가 보도록 하겠다.

여기까지 생각하다 보면 과연 남은 사람들이 슬픔에 지치는 바람에 내 장례식을 내가 원하는 대로 해줄까 싶고, 생일 계획표처럼 직접 장례 계획표까지 만들고 싶다는 생각도 든다. 가만, 내가 찍힌 사진 중에 영정 사진으로 쓸 정도로 괜찮은 사진이 있나? 얼굴 사진도 찍으러 가야 한다.

고레에다 히로카즈의 「원더풀 라이프」는 이승과 저승 사이 림보를 배경으로 한 영화다. 이곳의 직원들은 이제 갓 죽은 망자에게 사흘 안에 자신의 인생에서 가장 소중했던 추억을 딱 하나 골라 달라고 한다. 직원들은 망자가 고른 추억을 재현하여 영화로 만들고, 영화를 관람한 망자에게 그 추억이 선명히 되살아난 순간 망자는 그 추억만을 가슴에 안고 저세상으로 가게 된다. 재밌는 건, 망자들의 추억을 영화로 만들어 주는 림보의 직원들 역시 아직 가장 소중한 추억을 고르지 못해 저세상으로 가는 시간을 유예 중인 망자라는 것이다.

영화를 보다 보면 자연스레 나는 무슨 추억을 골라야 하나 기억을 돌이켜 보게 된다. 인생 영화를 고르는 것도 어려운데, 인생 추억을 고르는 일은 정말 쉽지 않다. 게다가 오직 하나의 추억만 남을 뿐이라면.

나는 나의 장례식에서 나와 함께했던 이들이 나에 대해 떠올려 준 추억 중에서 골라 보려고 한다. 가만, 그런데 이 좋은 걸 꼭 죽어서 해야 하나 싶다. 살아 있을 때 듣게 되면 좋을 텐데. 장례식 말고 환갑잔치로 행사 목적을 수정해 본다.

나는 언제나 우리가 불의의 사고로 죽을지도 모른다고 생각한다. 그런 생각을 하다 보면, 상대방에게 조금 너그러워질 때가 있다. 지금 이 대화가 우리의 마지막이라고 생각하면 나는 당신에게 좀 더 다정해야겠다는 마음이 든다.

순아

덧 1. 굳이 장례식장에 초대하지 않아도 될 블랙 리스트는 유서에 따로 남겨 두겠다. 죽어서까지 별로 보고 싶지 않은 사람도 있다.

덧 2. 승화는 자신의 장례식엔 굿즈를 만들면 좋겠다고 한다. 〈백승화 장례식〉이라는 글자를 자수로 놓은 수건이나 양말로. 반드시 엔젤링을 한 해골도 함께 있어야 한다고.

리뷰와 코멘트

솔직히 말해서 나는 내 작품 제목을 검색창에 자주 검색해 본다. 거의 매일 그런다. 안 그럴 것처럼 생겼지만 그런다. 그래서 내 작업에 대해 사람들이 쓴 리뷰들은 대부분 다 찾아본다고 볼 수 있다.

다른 작가나 감독들이 어떤지는 모르겠다. 가만 보면 나도 엄청 바쁠 때는 검색해 볼 생각도 못 하지만 덜 바빠지면 검색해 보는 걸로 봐서 아마도 지금 나는 덜 바쁜가 보다.

밴드를 할 때는 툭하면 밴드명을 검색해 봤었고, 영화를 개봉하고 나면 하루에도 몇 번씩 검색해 본다. 최근엔 출간한 소설에 대한 리뷰를 가장 많이 찾아보았다.

리뷰들은 대체로 긍정적인데 그렇다고 해서 모두가 재미있게 본 것은 아니라는 걸 잘 안다. 그도 그럴 것이, 보통 재미없었던 독자나 관객은 굳이 글을 남기지 않기 때문이다. 리뷰는 재미있게 봤거나 관련하여 남길 만한 소감이 있거나 할 때 쓰게 되니까. 나도 그런다.

물론 혹평을 마주할 때도 많다. 특히 영화의 경우 어쩐지 소설보다 쉽게 가혹한 별점 평가를 받게 되는 편이다. 내 연출작 또한 관객 스스로 별점을 매기는 사이트에 가보면 부정적인 코멘트를 찾기 어렵지 않다.

〈노잼, 유치하다〉, 〈재미도 없고 감동도 없다〉, 〈감독이 영화 장난으로 만들었다〉, 〈연출이 쓰레기다〉 등의 코멘트는 사실 괜찮다. 표현이 세지만 수긍 가는 말도 있고. 더 디테일한 혹평도 속은 쓰리지만 괜찮다. 나도 안다. 내가 둘 차례엔 앞이 깜깜해지지만, 훈수 둘 땐 훤히 다 보이는 것처럼, 완성하고 나면 부족한 면들이 다 보인다. 그러니 얼마나 괴롭겠는가(작품의 완성이란, 다 만들었다는 뜻이 아니라 더 할 수 있는 시간과 여력이 없어서 어쩔 수 없이 그만두는 것을 일컫는 말이라고 누군가 그랬던 것 같다). 암튼 그래서 정확한 혹평에는 꿍하긴 해도 오히려 공감될 때도 있다.

그보다 정말 신경 쓰이는 코멘트는 뭘 오해한 것 같은 경우다. 〈이 작품에 00억이 들었다는데 관객 수 이게 뭐냐〉 할 때 00억이 실제 제작비의 몇 배나 된다던가. 〈ㅇㅇㅇ 배우가 어떻다던데〉라고 하는데, 그 배우가 출연한 게 아니라든가 하는 경우다. 잘못된 정보가 남게 될까 봐 익명으로 정정 댓글이라도 달아야 하는 게 아닐까 생각한다.

그래도 재밌게 보았다는 리뷰를 보고 나면 힘이 솟게 마련이다. 평소 집구석에서 나는 쓰레기야, 하면서 뒹굴고 있다가 내 글이나 영화를 재밌게 본 사람이 있구나, 하는 걸 알게 되면 작금의 고통을 인내할 수 있게 되니 일종의 모르핀과 같은 것이다.

나도 생각하지 못한 의미와 의도를 해석한 리뷰를 볼 때면, 내 손을 떠난 작품이란 건 이제 내가 어찌할 수 있는 게 아니구나 새삼 깨달으면서, 내 작품이 자식 같다는 게 이런 건가? 생각한다. 그리고 이왕 그렇다면 부양까지 해주는 효자 자식이면 좋겠다는 생각도 잠깐 하게 되지만, 아직까진 불효자 같기도 하고.

아무튼 분명한 것은 여러분이 만약 이 책에 대한 리뷰를 넷상에 쓰면 내가 검색을 통해 언젠가는 볼 것이라는 점이다.

그러니 하고 싶은 말은,
잘 부탁드립니다.

그냥 쓰는 일

사주를 봤는데, 명리학자가 나보고 직업을 잘못 선택했다고 했다. 영화 하는 사람이라길래 어떤 사주려나 기대했는데, 내 사주는 예술이나 창의성과는 전혀 거리가 머니까 나보고 영화가 아니라 부동산 중개업을 하면 잘 맞을 것이라고 추천했다. 그 말을 듣고 나는 과연, 하고 고개를 끄덕거리며 운에 없는 일을 하느라 어려웠던 것이로군 생각했다. 풀이가 얼추 끝나자, 명리학자는 마지막으로 질문이 있으면 하라고 했다.

「제가 장편 시나리오를 쓸 수 있을까요?」

당시 단편 시나리오밖에 써보지 않았기에, 장편 시나리오를 쓰는 것에 막막함을 느끼던 터였다. 그러자 명리학자는 뭐 그런 걸 묻느냐는 듯이 물끄러미 나를 쳐다봤다.

「그건 그냥 쓰면 되는 거잖아요?」

예술적 재능이 없다는 말에는 과연, 하고 고개를 끄덕이던 내가 그 말을 듣고선 괜히 울컥하고 말았다.

「그게 안 되니까 그렇죳!!!」

말 그대로 그냥 쓰면 되는데, 그냥 쓰는 게 너무 어렵다. 뭐라도 써야 한다는 생각에 마음은 초조한데(그게 쓰레기라도), 그럴수록 늪에 천천히 가라앉는 기분이 들었다. 그냥 쓰는 게 왜 이렇게 어려울까? 따라가 보면,

잘 쓰고 싶어서. 사랑받고 싶어서. 인정받고 싶어서.

그러나 내가 보기에 나는 잘 쓰거나 사랑받거나 인정받기에 터무니없이 부족했고, 나는 부족한 내 실력이 뽀록나지 않도록 최선을 다해 숨기느라 바빴다. 그래서 지금까지 나는 멘토링과 피드백을 통해 내 작업의 후진 면을 해결해 보려고 했다. 그러나 멘토링과 피드백은 내게 의지할 등대가 되어 줌과 동시에 심판관이 되기도 했다. 나는 다른 사람의 표정을 살피며 내 작업이 봐줄 만한지 아닌지 불안해하거나 안도했다. 내 말을 들은 상담 선생님은 내가 마치 정답을

맞히고 싶어 하는 학생처럼 보인다고 말했다.

「선생님, 저는요…… 구려도 되니까, 제가 제 걸 했으면 좋겠어요. 제가 좋아하고, 재밌어하는 걸 했으면 좋겠어요.」

이 말을 내뱉고 나는 스스로에게 놀랐다. 지금 내가 원하는 게 고작 이거라니. 그런데 고작 이런 게 너무 어려워서 일주일에 한 번씩 울고 있다니.

결국 나는 최근에 아주 큰 결심을 했다. 마치 이 결심을 하려고 최근 몇 년을 몹시 괴로워한 것처럼. 그건 바로 최선을 다해 내가 되겠다는 결심이다. 동시에 그건 내가 아무리 최선을 다해도 나밖에 안 된다는 뜻이기도 하다. 모두에게 사랑받지 않으면 내가 갈 수 있는 길이 생긴다. 나는 나 자신이랑 싸우느라 너무 많은 고생을 했다.

SC#3

I'm my fan

순아　얼마 전에 어떤 술자리에 갔는데 거기서 감독님들하고 이야기하다가 밸런스 게임 같은 걸 하게 된 거야. 내 작품이 전 세계적으로 유명해지는 대신 이가 다 빠져야 한다면 뭘 고를 것이냐? 였는데, 나 빼고 모두 작품이 유명해지는 걸 선택했어.

승화　들으면서 순아는 이를 선택했을 거라고 생각했는데, 모두가 이빨 대신 작품을 선택했다는 것에 놀랐어.

순아　난 이가 너무 중요한데, 다들 임플란트 하면 되지 않을까요? 하는 식이었어.

승화　사실 이빨은 어떤 상징 같은데. 좋은 작품을 위해서 어디까지 견딜 수 있냐, 하는. 이는 나지만, 배우와 스태프들을 혹사시켜야 한다면? 촬영 종료 시각을 훌쩍 넘겨야 한다면? 처음 현장에서 제작부 막내로 일할 때, 새벽에 배우에게 감기약이 필요했는데 비상약이 다 떨어진 거야. 약국을 다 뒤졌는데 새벽이니까 다 문을 닫았지. 그래서 감기약을 못 구할 것 같다고 하니까. 헤드 스태프 중 누가 〈없다고 끝이야? 무조건 구해 와!〉 하면서 격노했어. 그래서 꼭두새벽에 남의 집 벨 누르고 다녔었거든. 그때 그런 생각이 들었어. 영화가 뭐라고 이렇게까지 해야 하나? 그래서 나중에 내가 감독이 되기만 하면 내 현장에서는 몸과 마음이 다치는 사람을 만들지 않겠다고 했었는데, 막상 감독이 되고 나니까 그게 맘대로 잘 안되더라고.

순아 예전에 그런 것도 있었잖아. 성격 더럽고 폭력적인데 영화 잘 찍는 감독 vs 사람은 너무 좋은데 영화는 잘 못 찍는 감독 중 누구랑 일할래? 그때도 망설임 없이 나는 영화 못 찍어도 성격 좋은 감독이랑 일하고 싶다고 했는데, 다른 사람들은 전부 성격 더럽지만 영화 잘 찍는 감독을 골라서 놀랐어. 그때 그런 생각을 했던 것 같아. 나는 뭔가 글러먹었다. 열의가 부족한가 보다.

승화 그런데 나는 그런 게 항상 좀 잘못된 프레임이라고 생각하는데, 사실 성격이 더러우면 영화를 잘 만들 거라는 이상한 생각이 있잖아. 실제로는 그 반대일 거 같은데.

순아   왜?

승화   영화는 어쨌든 여러 사람이 함께 만드는 거잖아. 그런데 내 맘대로 안 된다고 욕하고 화내는 사람이 좋은 영화를 만들 확률보단 그 반대 확률이 높겠지. 근데 이게 비단 영화뿐 아니라 한국 사회에서 전반적으로 그런 생각을 하는 것 같아. 막 화를 내면 어쩐지 열정적인 사람 같고, 얌전하면 일 못하는 것 같다고 생각하고.

순아   맞아. 그런데 옛날에는 그런 사람이 있으면 그냥 그 사람을 비난하거나 판단하는 태도를 많이 가졌다면, 내가 감독이 되고 나선…… 선택의 순간에 서게 되었던 것 같아. 영화 노조에서 열두 시간 노동 지켜야 한다고 했을 때, 내가 스태프일 땐 당연히 그래야지 싶었지만, 단편이라도 내가 현장의 책임자로 있을 때 나는 사측이 되는 거잖아. 그럼 나도 모르게, 에이, 우리 사이에 한 번 봐줘. 마음이 그렇게 되는 거지.

승화   맞아. 이것만 찍으면 되는데 싶어서. 스태프들 힘든 걸 알면서도 모른 척 눈을 감게 되어 버리는 순간이 생겨.

순아   단편 찍을 때, 낮밤 낮밤 이렇게 찍고 마지막 날 밤에 촬영할 때 정말 모두가 지친 게 보여서, 더 밀고 나가지 못했던 적 있어. 사람들 지친 모습이 나한테 중요하게 다가왔던 것 같아. 그런데 나는 그 작품 볼 때마다 그 장면이 아쉽거든. 다른 사람들은 모르지만 나는 알잖아, 내가 결국 타협했다는 걸. 그래서 이후에 비슷한 상황이 오면 안 되겠지만, 만약에 다시 그런 상황이 오면 어떻게 해야 할지 고민해 보게 돼.

승화 맞아. 그리고 나는 제한 안에서 취할 걸 취하는 것도 감독의 역량이라 생각해서 촬영 시간 지키는 걸 중요하게 생각하는데, 가끔 거장 감독이 자기가 원하는 장면을 될 때까지 무한대로 찍었다는 걸 보면, 나도 저래야 하나 싶기도 하고.

순아 영화라는 게 좀 특수한 면도 있는 것 같아. 영화를 일로만 대하는 사람들도 있지만, 어떨 때는 사람들이 작품으로 대하는 거지. 자기가 참여하는 작품을 되게 사랑하기도 한단 말이야. 주연 배우든 말단 스태프든 간에 정말 돈으로만 설명할 수 없게 열과 성을 다할 때가 있는 것 같거든. 감독이 정말 이 영화를 엄청나게 하고 싶다는 것을 알게 될 때 본인도 마음을 기꺼이 내주는 경우도 있는 것 같고.

승화 좋은 얘기다. 맞아. 감독이 이 영화를 정말 사랑하고 있고, 하고 싶다는 게 느껴지면 내가 조금 희생해서라도 도와주고 함께하고 싶지. 근데 이제 그런 것에만 기댈 수는 없다는 거지. 기본적으로는 어떤 시스템이 있고, 그 이상은 마음이 동해서 더 잘할 수 있게 하는 거고.

순아　최근 상담에서 그런 얘기도 했었던 것 같은데, 내가 입봉을 하면 너무 좋을 것 같다, 입봉만 하면 다 될 거 같다 했더니 선생님이 말하길, 내가 생각하는 영화감독으로서 가장 이상적인 내 모습은 뭐일 것 같냐고 하는 거야. 근데 정말 생각이 안 났어. 그래서 놀랐지. 천만 감독? 돈을 많이 버는 감독? 오스카상? 물론 그러면 좋겠지만, 그게 내가 바라는 가장 이상적인 모습은 아니야. 영화감독으로서 내가 만족할 수 있는 모습은 어떤 모습일까? 승화는 어때?

승화　감독으로서 나는 명쾌하게 있는 것 같아.

순아　뭔데?

승화　너무너무 재미있어서 팬이 될 것 같은 작품인데, 그걸 내가 만든 거야. 그러면 되는 거 같아. 근데 사실 그런 작품을 만들기가 사실상 불가능에 가깝기 때문에 이에 가까운 작품을 만들고자 하긴 하지. 나는 옛날에 내가 짧은 글을 썼거나, 음악을 만들거나, 뮤직비디오 같은 걸 만들었을 때, 밤새 만들고 아침에 자면서 그걸 계속 보거나 들으면서 잤어. 너무 좋으니까. 객관적으로 보면 별거 아니고 혼자 보는 것도 있지만, 내가 이걸 만든 거 자체가 너무 좋은 거야. 그런데 그중에 최고봉은 내가 보기엔 영화인 거지. 3분, 4분짜리가 아니라 두 시간짜리가 내 맘에 들면 얼마나 기쁘겠어.

순아　자우림 노래 「팬이야」 가사 생각난다.

승화　내가 내 팬이 되는 내용이었나?

순아와 승화, 「팬이야」를 듣는다.

마치며

「마치며」를 쓰고 있는 지금은 본문을 80퍼센트 정도 쓴 다음이다. 왜 아직 다 마치지도 않았는데, 「마치며」를 쓰는지 묻는다면 나머지 20퍼센트가 잘 정리되지 않아서다.

에세이를 쓴 것은 처음이었다. 군대에서 의무적으로 써야 했던 〈수양록〉을 제외하면, 성인이 된 이후로 나에 대한 글을 이렇게 길게 써본 적이 없다.

하지만 생각해 보니 나는 초등학교 6학년 때 일기 부장이었다. 우리 반에는 매주 돌아가며 쓰는 일기가 있었는데, 일기 부장이 하는 일은 그 일기를 다른 애들에게 쓰게끔 재촉하는 것이었다. 또 나는 초등학교 내내 초록색 일기장 여러 권에 일기를 잔뜩 써서 일기상을 받은 적도 있었다. 그 습관을 계속 유지했었더라면 이번 본문을 손쉽게 다 마치고,「마치며」를 쓸 수 있었을지도 모르겠다.

고등학교 때는 편지 쓰는 것을 좋아했었다. 그 무렵엔 툭 하면 친구들에게 손 편지를 쓰곤 했다. 생일이어서 쓰고, 크리스마스여서 쓰고, 새해나 심지어 추석에도 썼던 것 같다. 연필로 적은 초안을 볼펜으로 꾹꾹 옮겨 써서 건네고 나면, 편지에 적은 진짜 나의 속마음이 상대방의 속마음에 전달되리라는 기대에 두근거리곤 했다.

한때 좋아했던 일기와 편지를 더 이상 쓰지 않게 되었던 건, 아마도 솔직한 생각과 마음을 내비치는 것이 새삼스럽게 느껴지면서부터였던 것 같다. 드러내지 않으니 감추거나 참아 내게 되었고, 부족함과 모자람을 드러내지 않으려다 보니 변명처럼 냉소적으로 되었다. 마음을 돌아보고 전달하는 것을 게을리한 탓이었다.

생각과 마음을 숨김없이 표현하고 나누는 것이 얼마나 기쁘고 멋진 일인지는 내가 순아와 함께 지내며 깨닫게 된 가장 중요한 것이다. 순아는 기쁘면 기쁜 대로, 슬프면 슬픈 대로, 아쉽거나 속상하면 아쉽고 속상해했다. 목소리를 내야 하거나 나서야 할 때는 망설이긴 해도 결국 용기를 내어 나설 줄 알았다. 순아와 함께하며 나 또한 여전히 서툴지만 속마음을 꺼내놓는 일이 좀 더 자연스러워졌다.

그런 의미에서 『이인삼각』에 담긴 나의 글은 오랜만에 쓴 일기이자 누군가를 향해 나를 드러내는 편지이기도 하며, 순아와 둘이서 만들어 본 나의 솔직한 생각과 마음이다.

무사히 전달된다면 좋겠다.

마치며

나는 언제나 자격에 대해 생각하는 사람이라, 처음 출판 제안을 받았을 때 몹시 우려했다. 내가 글을 쓸 만큼 충분히 재밌는 사람인가? (아니오.) 삶에 통찰을 가진 사람인가? (아니오.) 새로운 지식을 알려 줄 사람인가? (아니오.)

　세상에 좋은 책이 이미 많고, 앞으로도 나올 예정인데, 나까지 책을 써도 되는 것일까? 괜히 나무에 미안한 일은 아닐까? 아니, 출판사에선 우리가 어떤 글을 쓸 줄 알고 우리한테 제안하셨지? 완성된 글을 보고 놀라시는 거 아니야?

쓰는 내내 도대체 이런 글을 세상에 내놔도 되는지 걱정이 많았지만, 엎을 게 아니라면 최선을 다하기로 했다. 대신 책을 내는 것은 나무에 미안한 일이니까, 조금이라도 지구에 도움 되길 바라는 마음으로 수돗물(아리수)을 마시기 시작했다.

우리 집 수돗물을 마셔도 되는지 확인하는 방법(서울 기준)

① 기후에너지환경부 물사랑누리집 홈페이지에 들어가 수질 검사를 신청한다.

② 현재 신청 가능한 지역인지 확인한다. 온라인 신청이 어려우면 전화 신청도 가능하다.

③ 이용 약관에 동의한 뒤, 본인 인증을 거쳐 주소와 우편번호를 입력한다.

④ 확인 전화가 오면, 방문 희망일과 시간대를 조율한다.

수질 검사에서는 탁도, 잔류 염소, pH(산, 알칼리 상태), 철(수도관의 노후 상태), 구리(수도관의 노후 상태)를 검사하여 적합도를 확인한다. 서울시에서 한 달에 한 번씩 수질 검사를 하므로 아침에 정체된 물을 10초 정도만 흘려 내고 마시면 된다. 실제로 플라스틱 생수병에는 미세 플라스틱이 많이 들어 있다고 하니, 건강을 위해서 수돗물을 선택할 수도 있다. 브리타 정수기는 매일 세척하여 말리는 게 위생적이라고 하니, 귀찮은 사람들도 수돗물을 선택할 수 있다.

재미와 통찰이 부족할까 싶어, 마치는 글에 새로운 지식을 적어 보았다. 이미 알고 계셨다면 대단하시다.

1년 반이란 시간 동안 우리의 시간과 장면을 오려 내어 이 책에 담았다.

PS. 이 책에 출연해 주신 모든 분께 감사드립니다. 또한 책이 만들어지는 데 도움을 주신 열린책들의 오연경 편집장님과 유승희 디자이너님, 그리고 처음 제안을 해주신 김정우, 최세운 편집자님께도 감사의 인사 전합니다.

이인삼각

발행일 2025년 12월 10일 초판 1쇄

지은이 남순아, 백승화
발행인 홍예빈
발행처 주식회사 열린책들

경기도 파주시 문발로 253 파주출판도시
전화 031-955-4000 팩스 031-955-4004
홈페이지 www.openbooks.co.kr 이메일 literature@openbooks.co.kr

ISBN 978-89-329-2549-3 04810
ISBN 978-89-329-2494-6 (세트)